邁向成熟大人的情緒教養系列 3

THE ANGER WORKBOOK FOR TEENS:
Activities to Help You Deal with Anger and Frustration

為何你容易失控發脾氣？

消解憤怒的42堂課

by Raychelle Cassada Lohmann

瑞雪兒·卡薩達·羅曼——著　方淑惠、余佳玲——譯

目錄

好評推薦

這是一本超級適合青少年且十分有效的指導手冊，爲青少年提供許多方便又容易執行的練習，幫助他們在面對憤怒和其他強烈的情緒時，能夠冷靜下來解決問題。衷心推薦本書給青少年、青少年的家長，以及各級學校。

——傑佛瑞．伯恩斯坦博士（Jeffrey Bernstein, PhD）
兒童、青少年及家庭心理學家，
著有《10天內，孩子不再是小霸王》（*10 Days to a Less Defiant Child*）等書

學校會教高等微積分和物理學，但大多沒有傳授如何在情緒上過著健康生活的技巧。不幸的是，惡意、憤怒的反駁可能會破壞友情與同事情誼。大發脾氣也會讓情侶或家人的關係出現裂痕。在進入成年期，或甚至進入高中之前，都必須先奠定穩固的情商基礎，因此應該把這本書

中有趣的練習當成人生大事來看待。本書涵括生動的內容和互動式練習，可以確保讀者真正學習到其中的知識。

——蘇珊．海特勒博士（Susan Heitler, PhD）
臨床心理學家、部落客（www.psychologytoday.com），
著有《不開藥的處方單》（*Prescriptions Without Pills*）

對於覺得挫折，而且想要用更健康、更正向的方式表達感受的青少年，本書是最好的禮物。作者在書中提供的練習，可以提升自我覺察能力並建立自信，讓人能夠更有效的溝通，並以更正面的方式處理憤怒。

——瑪麗蓮．普萊斯—米切爾博士（Marilyn Price-Mitchell, PhD）
發展心理學家，著有《明天的創造者》（*Tomorrow's Change Makers*）

憤怒可能是最會被誤解的感受。憤怒其實就是「太過」——壓力太大、刺激太多、感受太過激烈。瑞雪兒．卡薩達．羅曼以憤怒爲題寫了一本好書，清楚的說明憤怒是一種重要且正當的

感受和訊號。不僅如此，這本淺顯易懂、便於使用的手冊，也讓讀者思考憤怒的相關行爲與行動，並提升了讀者的自省能力及人際關係技巧。這本書簡直就是寶藏。

——保羅・霍林格（Paul C. Holinger）

醫學博士，美國伊利諾州芝加哥拉什大學醫學中心精神科教授

這是一本絕佳的參考書，當中運用了青少年能接受且發展適切的介入方法，以及實用又合理的工具，促成有效的改變。我強烈推薦本書給所有想找到方法控制自己的怒氣並更有效溝通的青少年。本書也是輔導人員、家長和老師的重要參考書。

——娜塔莉・斯賓塞博士（Natalie F. Spencer, PhD）

北卡羅萊納州立農業技術大學助理教授，

著有《幫助憂慮青少年的正念練習》（*Mindful Practices for Helping Troubled Teens*）

健康的人際關係可以爲生活帶來快樂與滿足，但我們往往讓「混亂的情緒」剝奪了自己建立人際關係的機會。憤怒是人類的一種情緒，如果不加以控制、解決、處理，就可能導致人際關係

出現問題，也讓我們難以從人際關係中獲得滿足。本書提供了有效的工具來處理憤怒和挫折。書中的練習極爲實用，可以幫助讀者培養新的習慣與能力來面對憤怒這種十分人性的情緒。且讓瑞雪兒．卡薩達．羅曼引導你找出引發怒氣的原因，在事發當下保持冷靜，並表達自己的感受。

——約翰．斯泰格瓦爾德（John Steigerwald）

牧師，北卡羅萊納男子學院執行主任

本書爲所有青少年提供有創意、互動式且實用的練習，幫助他們面對自己的各種情緒。每個練習都請讀者回想自己的經驗，並在他們經歷人生這個重要的發展階段時，思索自己究竟是誰。本書爲青少年提供了一個支援的出口，甚至強調了實際且可行的調適策略與技巧，讓青少年將其融入自己的日常生活中。強烈建議所有的青少年、家長、輔導人員、行政人員、以及任何關心青少年的人仔細閱讀本書，並做完書中的每個練習活動。

——安琪．史密斯博士（Angie Smith, PhD）

北卡羅萊納州立大學助理教授及大學輔導計畫協調人

【推薦序】

用對方法，就能化解失控的情緒

如果你正在看這本練習手冊，或許表示你需要一些協助來控制你的怒氣，也或許是某個關心你的人認爲這本手冊對你有益。無論如何，這本書都値得一讀。

青春期的生活並不容易，想必有很多事情會惹怒你們。情境型憤怒——也就是壞事發生時產生的怒氣，它會漸漸平息——很正常。事實上，這通常是健康、必要而且適當的反應。然而如果憤怒阻礙了你的發展，或是讓你及其他人感到恐懼，導致你失控，那就必須暫停一下，釐清目前的情況和原因。這是你應得的對待。

《爲何你容易失控發脾氣？：消解憤怒的42堂課》是絕佳的工具書，能幫助你深入了解自己爲何這麼生氣，以及如何應付這種情況。了解憤怒的根本原因是消除怒氣的關鍵。如果你能花時間做完本書建議的各項練習，並誠實面對自己，便能對自己有許多更深入的了解。例如，你會明白哪些事情會觸怒自己、哪些事情能讓自己冷靜下來，哪些調適方法對自己最有效，以及如何降低自己反應的強度。

身爲學校輔導人員，我已經用這本書幫助過無數的青少年。有一件事讓我記憶猶新，就是有一名學生常常因爲在課堂上激動得大發脾氣而被請出教室。我借助這本書，和他一起做完書中許多與他個人情況相關的練習。在這個過程中，他明白了他的父親也常在遇到自己無法控制的情況時大發脾氣。他也發現在學校裡導致他發脾氣的主要原因，是出在自己覺得丟臉或認爲旁人輕視他的感受時。這名學生透過這本手冊學會了許多調適方法，讓他能面對各種情況。了解自己發怒的原因，才能幫助他學會用更恰當的方式自我調適與反應，同時也能感受自己正常的情緒。

憤怒不是你的絆腳石，而是讓你學習重新掌控自己情緒的機會，對年輕人尤其是如此。希望本書的智慧能讓你們獲益良多，因爲這是你們應得的。

茱莉亞・泰勒博士（Julia V. Taylor, PhD）

【前言】

學習以正向方式消解怒氣

親愛的讀者：

你是不是常常因爲情緒失控而惹上麻煩？你是不是對某些情況反應過度，事後又對自己的行爲後悔不已？你的脾氣是否導致你和自己關心的人之間出現問題？你是不是已經厭煩了自己老是情緒失控？如果你對上述任何一個問題的答案是肯定的，那麼這本書正好適合你。此書內容涵括了輔導領域的最新研究和技巧，能幫助你成功面對憤怒與挫折感。

首先最重要的是要了解憤怒是人類自然的情緒，但每個人處理怒氣的方式卻不相同。有人會把怒氣憋在心裡不斷折磨自己，有些人會口出惡言發洩怒氣，有些人會訴諸肢體暴力，另外有些人則是直接爆發出來。不論你如何處理這種情緒，你現在之所以讀這本書，正是因爲你自己或某個關心你的人認爲你有憤怒的問題。

如果你很難克制自己的怒氣，你並不孤單。其他數百萬名青年男女也和你一樣，受到憤怒的破壞力所影響。憤怒掌控了他們的行爲，破壞了他們的人際關係，讓他們覺得自己的生活失去控制。但他們可以重新取回掌控權，你也一樣。

本書的練習能幫助你留意那些會激怒你的事物，教導你如何應付挫折的情況，並協助你學習以不同方式面對自己的憤怒，同時在當下保持冷靜，以健康的方式表達自己的感受。

改變是一種過程，需要花時間和耐心讓自己學會運用一些技巧。事實上，有時光是做本書的某個練習可能就會讓你生氣，這種情況完全正常。這是你第一次將憤怒放大檢視，並仔細分析每個小細節，因此你會更意識到自己的行爲，並了解自己生活中哪些面向需要改善。

只要你認真做完本書的練習，怒氣應該就會消散。本書會以循序漸進的方式呈現內容，也就是說，這本書會傳授你一些控制怒氣的方法，因此你必須將書中所有的練習做完。等你做完所有的練習，應該就能感受到自己的改變。改變並不容易，但只要用對方法、心態正確，你就能成功改變自己。（本書連結網站有大量有效的工具可供下載：http://www.newharbinger.com/42457，請多加利用。）現在就讓我們開始吧！

祝你成功！

【第一部】

確認和理解憤怒

第1課 什麼是憤怒？

憤怒是多數人都經歷過的一種正常情緒，但表達憤怒的方式則因人而異。

在回答「什麼是憤怒？」這個問題之前，你必須先檢視自己的憤怒與過去經歷的其他情緒有何不同，以確認自己對憤怒的感受及行為。

憤怒與喜悅、悲傷或恐懼等其他情緒截然不同。如果請你描述憤怒的感覺，你可能會用以下其中一個詞彙來表達：

- 惱怒
- 挫折
- 激怒
- 激動
- 暴怒
- 生氣

- 煩亂
- 忿忿不平
- 憤怒
- 煩惱
- 乖戾
- 憤慨
- 憎惡
- 憎恨
- 狂怒
- 嫉妒
- 敵意

要回答「什麼是憤怒？」這個問題，首先要用字詞來確認自己生氣時的感受，然後再檢視這些感受的強度變化。在了解憤怒之前，你也必須探討自己的行爲如何依據憤怒的激烈度或強度而有所變化。例如，懷有敵意的人會比挫折的人更生氣。多數人從未想過用詞彙來形容自己的憤怒，或是這些詞彙如何隨著他們感受的強度而變化。如果他們思考過這點，或許就能明白憤怒的程度與自己感受的強度之間的關聯。

先試試看

請冷靜思考「什麼是憤怒？」，以及「憤怒與我體驗過的其他情緒有何不同？」，接著把浮現在你腦中的答案寫下來。

1. 請說明你對憤怒的定義。

2. 請隨手寫下至少十個詞語來形容你的憤怒。然後圈出至少五個最能代表你強烈或最激烈憤怒的詞語。

3. 請在空行內寫下你圈起來的那五個詞語，並說明你在經歷每個詞語時的感受。在第三行請以1（高強度）至5（低強度）的順序將這些詞語排序。最後寫下你生活中出現這些感受的頻率，例如：常常、有時候或很少。

詞語：

說明：

強度：

發生頻率：

詞語：

說明：

強度：

發生頻率：

詞語：

說明：

強度：

發生頻率：

詞語：＿＿＿＿＿＿＿＿＿＿

說明：＿＿＿＿＿＿＿＿＿＿

強度：＿＿＿＿＿＿＿＿＿＿

發生頻率：＿＿＿＿＿＿＿＿

詞語：＿＿＿＿＿＿＿＿＿＿

說明：＿＿＿＿＿＿＿＿＿＿

強度：＿＿＿＿＿＿＿＿＿＿

發生頻率：＿＿＿＿＿＿＿＿

進階練習

我們會用詞語來形容自己的感受。不同的情緒會與不同的詞語連結。就像你在前面「先試試看」做過的練習一樣，請針對喜悅、悲傷和恐懼等其他情緒列一張詞語清單，然後說明這個情緒與憤怒有何不同。

喜悅：

悲傷：

恐懼：

第2課 破除憤怒的迷思

關於憤怒，有著許多迷思。而憤怒的迷思可能弊多於利，因為這些迷思會加強對憤怒的刻板印象，因此我們必須破除迷思，了解憤怒背後的真相。

憤怒一直是最神祕的情緒之一。從古至今，人類一直試圖了解這種情緒。從宗教卷軸到希臘神話，憤怒都與不快樂的神祇有關，甚至被描述爲惡靈附身。不幸的是，關於憤怒的迷思可能十分危險，因爲這些迷思會成爲不良行爲的藉口，讓人認定自己無法改變。

先試試看

是事實還是迷思？請透過以下小測驗來破除憤怒的迷思。在你認為是事實的上方標記F，在你認為是迷思的上方標記M。

____ 1. 面對憤怒最好的方式是發脾氣，或是將讓你生氣的原因說出來。

____ 2. 憤怒是不健康的，可能導致健康問題。

____ 3. 憤怒是遺傳的，所以永遠不可能改變。

____ 4. 憤怒一定是有益的。

____ 5. 憤怒是一種情緒，可以帶來正向的改變。

____ 6. 只有人會引起憤怒。

____ 7. 憤怒一定會向外發散，因爲怒氣是壓抑不住的。

____ 8. 憤怒是無法控制的。

____ 9. 憤怒是一種情緒，可能會讓你失去理智和失控。

____ 10. 憤怒與攻擊行爲不同。

答案和說明，請見第26頁。

進階練習

西元44年，羅馬哲學家盧修斯．塞內卡出版了《論憤怒》（*De Ira*），這是最早探討如何控制憤怒的論文之一。塞內卡在他的論文中建議了平息憤怒的方法，例如聽抒情樂，生氣時留意自己的言論及行爲，並留心會觸怒自己的事物。其他的偉大哲學家如亞里斯多德、柏拉圖及普魯塔克也提出他們的看法，幫助我們進一步了解憤怒。的確，歷史幫助我們了解憤怒，也形成了如今許多關於憤怒這個情緒的迷思。例如，過去人們往往相信憤怒的神會讓飢荒或地震等災禍降臨大地，藉此懲罰人類。如今仍有許多人在遭遇不順心的事情時，認爲自己是受到上天的懲罰。

請在網路上搜尋與憤怒相關的史料。選擇一位哲學家，如塞內卡、亞里斯多德或柏拉圖，描述他們對憤怒的詮釋。在空白線條上隨意寫下你在這場歷史巡禮中找到的有趣事實與迷思，並說明過去的種種如何形塑我們如今對憤怒的理解。

「先試試看」答案

M

1. 發脾氣也無濟於事，只會讓你在腦中一再回想起事發經過而不斷重新點燃怒火。在腦中一再回想事情，稱爲「反芻思維」。

F 2. 頻繁且激烈的發怒可能導致壓力升高、頭痛、腸胃問題、高血壓、甚至心臟問題。

M 3. 如何回應憤怒是個人的決定，因此不能把自己的行爲歸咎於他人。

M 4. 憤怒不一定都是有益的，它也具有破壞性的一面，可能導致大麻煩。

F 5. 歷史上某些極爲重大的改變也是由憤怒促成，例如民權運動和婦女投票權等。

M 6. 憤怒並不一定都是由人所引發。情境也會引發怒火，比如說最喜歡的節目看到一半，裝置突然沒電；或是已經遲到了，車子引擎偏偏發不動等。

M 7. 憤怒不一定都會向外發散。其實壓抑怒火和發脾氣一樣不健康。

M 8. 你可以運用一些技巧和方法來調適自己的感受，藉此控制怒氣。

F 9. 憤怒可能會破壞你的生活，造成人際關係、學校及工作上的問題。

F 10. 憤怒這種情緒會導致人出現痛苦的想法和感覺。另一方面，攻擊則是一種破壞且有害的行爲。雖然憤怒與攻擊行爲可能同時發生，但並非每個人生氣時都會出現攻擊行爲，反之亦然。

第3課 正視憤怒對生活的影響

多數人對於憤怒並沒有太多的想法，而是直接反應。雖然憤怒的感受因人而異，但重要的是必須認清憤怒可能會影響和控制行為。評估自己的憤怒，有助於你找出自己需要加強哪些方面才能克制自己的怒氣。

布蘭登的經驗談

布蘭登今天真的過得很不順心。自然科學老師威廉斯先生發現布蘭登似乎在生氣。

「喔，不，」威廉斯老師心想，「布蘭登又在鬧脾氣了。」他眞的很聰明又有天分，但他的脾氣無疑會拖累他。如果他再不改改他的脾氣，有朝一日一定會惹出麻煩。

課後，威廉斯老師將布蘭登叫過來對他說：「布蘭登，你把每件事都看得太嚴重了。你的脾氣已經開始影響你的學業表現，我眞的很擔心你。你今年已經被停學三次，也不斷進出校長室。我想幫你，但你要先放開心胸接受才行。」

布蘭登思索了威廉斯老師的這番話，他知道老師說的沒錯，因此他點頭說：「嗯，好吧……」

「好極了。」威廉斯老師說：「首先我們先好好檢視你的脾氣，看看這對你的生活造成了什麼影響。接下來我們可以制定一個計畫，讓你知道生氣的時候應該如何反應，好避免自己惹上麻煩。」

先試試看

這個練習將幫助你檢視自己的憤怒問題，了解你的憤怒如何影響生活。一旦你正視自己的問題，就能找到你能夠改變的地方。

讀完以下的敘述後，勾選「是」或「否」。

常有人批評我的脾氣。	□是	□否
我的脾氣讓我惹上麻煩。	□是	□否
我偶爾會氣昏了頭，事後卻想不起來自己做了什麼。	□是	□否
我的家人也有脾氣方面的問題。	□是	□否
我生氣的時候曾經打過人或傷害過別人。	□是	□否
我總覺得自己是受害者。	□是	□否
我常覺得沒人了解我。	□是	□否

請針對以下每一句敘述，圈選最符合你情況的答案。

1. 我很難控制自己的脾氣。

1 強烈不同意　2 不同意　3 還好　4 同意　5 強烈同意

2. 平均來說，我大發脾氣的頻率是……

1 一個月一次　2 兩週一次　3 一週一次　4 幾天一次　5 每天

3. 我生氣的時候最可能出現的行為是……

1 逃離當下的情境　2 哭　3 大叫　4 打東西　5 破壞東西

你勾選的「是」越多以及圈選的分數越高，表示脾氣對生活的影響越大。只要認眞執行本書的練習，就能學會控制自己脾氣的方法。

進階練習

1. 你的脾氣是否曾經導致你或他人的身體或心靈受創？請說明。

2. 你是否曾經怪罪別人惹你生氣？請說明（例如找藉口或否認自己與發生的事情有關）。

3. 你生氣時所說的話或做的事，是否常讓你事後感到後悔？請舉例說明這種情況。

4. 你生氣時會做什麼事讓自己冷靜下來？

5. 如果你有魔杖可以改變自己生氣時的反應，請說明你希望自己變成怎樣。

第4課 寫憤怒日記

覺察哪些情況會觸怒自己，留意自己生氣時會做什麼事，並了解自己發脾氣的後果，是很重要的。憤怒日記可以幫助你做到上述這幾點。

布莉安娜的經驗談

布莉安娜滿心期待艾莉莎週六來她家過夜。她們有好多大計畫，布莉安娜已經迫不及待了。週六早上，艾莉莎傳簡訊給布莉安娜說她沒辦法去她家了，因爲她忘了她和另一位朋友奧莉維亞有約。

「眞的假的？」布莉安娜心想。這已經不是艾莉莎第一次放她鴿子了。她開始回想之前每次艾莉莎放她鴿子的情況，然後越來越生氣。布莉安娜還來不及想清楚就已經一把抓起手機砸向地板，把螢幕摔碎了。喔，糟了！又來了……布莉安娜畏懼的嘆氣，此時她爸媽也衝進房間察看情況。這已經不是布莉安娜第一次情緒失控。她發脾氣的代價越來越高，因爲她生氣的時候老是會砸壞東西。

當天下午，布莉安娜的媽媽請她坐下來好好聊一聊。「布莉安娜，你和艾莉莎好像常常吵架，而且每次結果都不太好。你的脾氣讓你和你的錢包都付出了代價。你得開始留意自己什麼時候會發脾氣，還有生氣的時候會有什麼舉動。這樣可以讓你找出自己的行爲模式，在你砸壞無可取代的東西之前改變自己的行爲。」

寫日記可以幫助你找出自己發脾氣的模式。透過以下範例可以了解布莉安娜可能如何記錄她與艾莉莎之間發生的事情。

憤怒日記

日期與時間	10月3日上午10點

事發經過	艾莉莎臨時傳簡訊取消約定好的計畫。
我的想法	她老愛找藉口。我不想再和她做朋友了。
我的感受	憤怒、失望、覺得受傷。
我的行為	摔手機。
我面臨的後果	在家惹出麻煩。手機螢幕摔碎了，我得自己存夠錢才能修螢幕。
我的處理方法	後悔弄壞手機。我一再想著艾莉莎又放我鴿子，直到最後怒氣整個爆發。現在我得當很多次保母和做很多家事，才能存夠錢修手機。
我原本可以採取的其他行動	告訴艾莉莎她又放我鴿子讓我覺得很受傷，然後傳簡訊邀請另一位朋友來家裡玩。

先試試看

在做本書的各種練習期間，請持續寫憤怒日記，這有助於你了解自己的憤怒模式。可以影印下頁的空白表格，或上 http://www.newharbinger.com/42457 下載，抑或在電子裝置上建立自己的日記。每次發脾氣時就填寫一份日記。

請注意：本書網站 http://www.newharbinger.com/42457 上還有其他許多資料可供下載。

憤怒日記

日期與時間	事發經過	我的想法	我的感受	我的行為	我面臨的後果	我的處理方法	我原本可以採取的其他行動

進階練習

寫了一段時間的憤怒日記後，即可開始留意是否能從中察覺到任何模式。

1. 你在一天當中是否有特定的時間最容易生氣（例如，晚上已經累了的時候、早上剛起床的時候，或是上某堂課的時候）？

2. 你是否遇到某些情況或某些人就會生氣？

3. 你的脾氣有哪些方面需要改善？

4. 幾個星期後，回頭看看你的憤怒日記。你處理怒氣的方式是否有所改善？如果有，請說明哪些地方改變了。

第5課 了解家人處理憤怒的模式

你已經和家人相處了很久時間，尤其當你還小的時候，你會自然而然地模仿他們的某些習慣和行為。探討家人如何處理他們的怒氣，可以讓你了解你自己對於憤怒的反應。

嘉柏兒的經驗談

嘉柏兒的爸爸列了一張家事清單，要她做完這些家事才能去找朋友玩。她越去想自己必須要做的所有家事，就越覺得生氣。「眞不公平！」她咕噥著說：

「為什麼他不自己做，整個週末只會懶洋洋的看橄欖球賽轉播！」

她父親聽到這番話後大吼道：「再讓我聽到你頂嘴一句，你就永遠不准出門！聽懂了沒？」

「好啦！」嘉柏兒說完翻了個白眼，氣沖沖的回自己的房間，從地上撿起髒衣服扔進洗衣房，走出來時還踢了房門一腳。接下來她將碗盤從洗碗機裡拿出來，將餐具扔進抽屜裡，收鍋子的時候也弄得砰砰響。

她父親走進廚房伸手往流理台重重一拍，破口大罵：「給我聽好，我已經跟你說過我不容許你這種忤逆的態度！」

嘉柏兒的母親聽到吵鬧聲，於是走進廚房。「到底是怎麼回事？吵吵鬧鬧、乒乒乓乓的。你們兩個根本是一個樣。嘉柏兒，你的脾氣就是遺傳到你爸那邊的人，他們都是一不順心就大發脾氣。你們兩個應該分開，免得最後吵起來。嘉柏兒，你很清楚家裡的規矩——做完家事才能享受權利。如果你沒在一個小時內把家事做完，你就不能去找朋友玩。」

嘉柏兒嘆了口氣，瞪了父親一眼，她父親也回瞪她。沒錯，這兩個人都很頑固又死腦筋，但其中一個人的威權大於另一個人。

先試試看

在下頁樹狀圖的下方寫上自己的姓名，然後加上家人的姓名。在空白處說明他們如何處理怒氣。例如，他們是否會……

- 發飆
- 離開現場
- 大吼大叫
- 摔東西
- 砸東西或打人
- 壓抑怒氣
- 口出惡言
- 說出自己的感受

在樹狀圖上或旁邊加上曾有人說過你和某個個性很像的其他家庭成員的姓名，例如阿姨姑姑、叔伯舅舅、堂／表兄弟姊妹或親兄弟姊妹。

俗話說「有其父必有其子」。請把發脾氣的樣子與你最相像的人圈起來。在空白處說明你的父母及祖父母處理怒氣的方式。

我的姓名

進階練習

1. 你是否注意到親戚處理怒氣的模式了?如果有,請加以說明。

2. 你的家人處理怒氣的方式,最大的特點為何?

3. 請選出脾氣控制得最好的一位家人,並說明自己要如何效法對方。

第6課 留意身體對憤怒的反應

有問題的憤怒可能讓你的身體付出代價。憤怒會產生很大的壓力，導致高血壓、頭痛、胃痛等健康問題。你知道自己的身體會發出警訊，讓你得知自己正在生氣嗎？學會辨認並回應這些警訊能夠幫助你維持身心健康。

請留意某些表示憤怒的生理現象。身體發出的憤怒警訊可能包括：

- 哭泣
- 發紅或發熱
- 咬牙切齒

- 瞪眼或瞇起眼睛
- 感覺頭暈
- 呼吸沉重
- 感覺心跳加速
- 臉紅或臉部發紅
- 胃痛
- 冒汗
- 感覺肌肉緊繃
- 發抖或顫抖
- 頭痛

知道自己對於憤怒的生理反應，有助於你知道自己何時需要平息怒火、冷靜下來。以下方法可以在你即將發脾氣時發揮功用：

- 緩緩地深呼吸並放鬆，將注意力聚焦在緩慢的吐氣上。
- 仔細聽時鐘的滴答聲、水龍頭滴水的聲音或窗外的鳥叫聲，將自己的注意力轉移到周遭環境上。也可以專注在研究畫作的每個細節、觀察陽光透過窗戶照在地板上的樣子，或是檢視某本書封面的所有細節。

- 出去散步，呼吸新鮮空氣，或找個安靜的地方遠離人群。

如果你無法遠離令人挫折的情況，還有其他方法可以幫助你放鬆，像是：

- 安慰自己一切都會沒事，這種事不值得你生氣，藉此讓自己的怒火平息下來。
- 假裝自己在一個讓人放鬆的地方，譬如你自己的房間、海灘上或你祖母的家裡。在做這種想像時，專心將怒氣從體內排出，就像放掉浴缸裡的水一樣。
- 戴上耳機聽你最喜歡的歌，專心聽歌詞的每一個字。

先試試看

在左頁的身體輪廓圖中畫上你生氣時會受到影響的各個身體部位。例如，如果你生氣時會哭，可以畫上流淚的眼睛；如果是肌肉緊繃，可以畫上突起的上臂二頭肌。

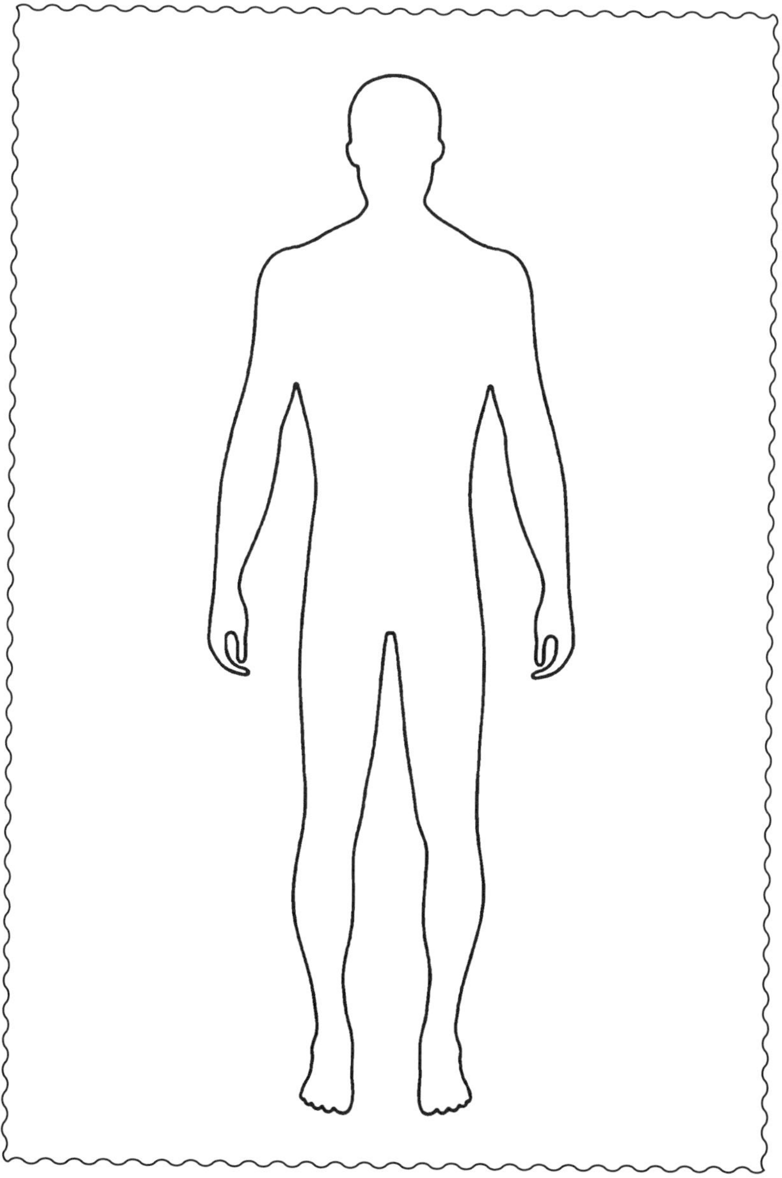

進階練習

1. 請說明你的身體如何回應憤怒。

2. 列出你生氣時受影響程度最大的身體部位。

3. 除了前文提到的建議，請寫下你覺得當身體被憤怒影響時，可以讓自己冷靜下來的其他方法。

第7課 覺察自己的憤怒指數

憤怒會造成很大的壓力，一旦壓力逐漸累積就可能導致嚴重的後果，像是情緒爆發或大發雷霆。腳踏車輪胎打氣筒等設備上，通常都有一個稱為壓力表的裝置，用來量測壓力高低。你知道自己的體內也有一個壓力表，可以預防你發火嗎？

你在替腳踏車輪胎或籃球打氣時，是否曾用壓力表來監測壓力值？如果有，你就會知道當壓力表顯示壓力已經達到你想要的程度時，最好不要再繼續打氣，否則輪胎或籃球可能會爆掉。其實，憤怒的情況也很類似：你生氣的時候，體內的壓力會開始節節升高，除非你找到宣洩壓力的方法，否則你可能會爆發。

如果你很易怒，代表你可能沒有仔細留意身體發出的警訊。忽視這些警訊可能會導致嚴重的情緒爆發。學會解讀自己體內的壓力表，亦即懂得偵測自己的怒氣何時開始升高，可以幫助你在盛怒下保持冷靜。

先試試看

以下是憤怒壓力表的範例。請讀完每一項指數的說明，然後想想你會如何標示自己的指數。

你的憤怒量測表

1分 最低指數：放鬆

此時的感覺：這是最佳指數！我覺得平靜、冷靜、鎮定。

此時的行為：我在放鬆又平靜的時候，會聽自己最愛的音樂，和朋友出去玩。

2分 煩躁

這是你開始發怒時的感覺：我覺得煩，但還不到生氣的地步。

此時的行為：我會避開討厭的人，不想看到他們、聽到他們的聲音、或是待在他們身邊。例如，我弟弟有時眞的很討厭，但即使我在生他的氣，也不表示我很火大。

3分 中間值：挫折

這是中等憤怒程度，你雖然沒有太憤怒，但已經在生氣：我覺得煩躁又焦慮，已經開始生氣，出現一些不愉快的念頭。

此時的行為：我會向其他人大肆抱怨情況。我在覺得挫折的時候會咒罵、羞辱惹我生氣的那個人，或是對那個人破口大罵。

4分 生氣

這是你已經不只是略微生氣時的感覺：我覺得生氣，而且非常煩躁，但還可以控制。我的憤怒已經快到臨界點了。

此時的行為：我有個壞習慣，就是會直接當著對方的面罵他。我要讓他們知道他們惹錯人了。

5分 最高指數：怒不可遏

這是你達到最高憤怒程度時會有的感覺：我覺得很激動並且失控。我已經失去理智，而且注意力過度集中在報復和懲罰。我想還以顏色。

此時的行為：什麼人、什麼事都不在乎了。我整個人氣昏了頭，什麼都看不到。我通常會失控，然後做出自己事後會後悔的事。

請參考以上的範例，寫下自己的五種憤怒指數，1分爲壓力最低，亦即你完全放鬆時的情況，5分則是壓力最高，也就是你準備爆發時。接著請說明達到每種憤怒等級時的感受與行爲。可以影印「你的憤怒量測表」空白表格，或是上 http://www.newharbinger.com/42457 下載，抑或在電子裝置上自己設計表格。

你的憤怒量測表

1分 最低指數：放鬆

此時的感覺：＿＿＿＿＿＿＿＿＿＿＿＿＿＿＿＿

＿＿＿＿＿＿＿＿＿＿＿＿＿＿＿＿＿＿＿＿＿＿

此時的行爲：＿＿＿＿＿＿＿＿＿＿＿＿＿＿＿＿

＿＿＿＿＿＿＿＿＿＿＿＿＿＿＿＿＿＿＿＿＿＿

2分 煩躁

這是你開始發怒時的感覺：＿＿＿＿＿＿＿＿＿＿

＿＿＿＿＿＿＿＿＿＿＿＿＿＿＿＿＿＿＿＿＿＿

此時的行爲：＿＿＿＿＿＿＿＿＿＿＿＿＿＿＿＿

＿＿＿＿＿＿＿＿＿＿＿＿＿＿＿＿＿＿＿＿＿＿

3分 中間值：挫折

這是中等憤怒程度，你雖然沒有太憤怒，但已經在生氣：＿＿＿＿

＿＿＿＿＿＿＿＿＿＿＿＿＿＿＿＿＿＿＿＿＿＿

此時的行爲：＿＿＿＿＿＿＿＿＿＿＿＿＿＿＿＿

＿＿＿＿＿＿＿＿＿＿＿＿＿＿＿＿＿＿＿＿＿＿

4分 生氣

這是你已經不只是略微生氣時的感覺：＿＿＿＿＿

＿＿＿＿＿＿＿＿＿＿＿＿＿＿＿＿＿＿＿＿＿＿

此時的行爲：＿＿＿＿＿＿＿＿＿＿＿＿＿＿＿＿

＿＿＿＿＿＿＿＿＿＿＿＿＿＿＿＿＿＿＿＿＿＿

5分 最高指數：怒不可遏

這是你達到最高憤怒程度時會有的感覺：＿＿＿＿

＿＿＿＿＿＿＿＿＿＿＿＿＿＿＿＿＿＿＿＿＿＿

此時的行爲：＿＿＿＿＿＿＿＿＿＿＿＿＿＿＿＿

＿＿＿＿＿＿＿＿＿＿＿＿＿＿＿＿＿＿＿＿＿＿

進階練習

你已經確認了自己內心的壓力指數，現在我們要再更進一步。在下圖的壓力表中填入你確認的五種指數（五個字詞）。1分是你最放鬆時的指數，此時你的自制力最強。請寫下你在2分到5分各種壓力階段，如何以健康的方式釋放壓力。例如，你是否可以：

- 聽你最喜歡的歌單中的歌曲
- 遠離惹怒你的人
- 切斷你的怒氣裝置，從目前的情況跳脫出來
- 出去呼吸一下新鮮空氣
- 去健身房做重訓

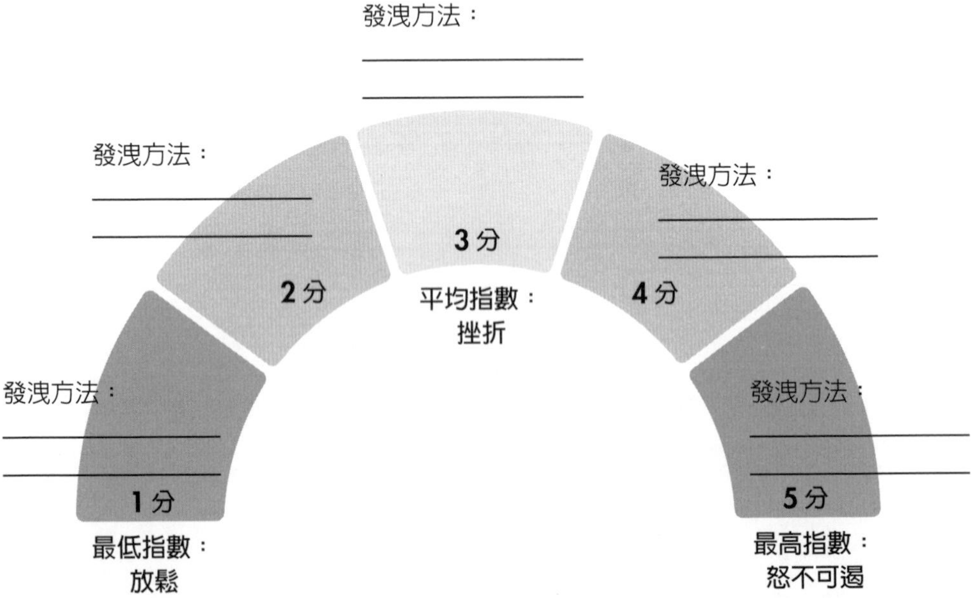

第8課 找出觸發憤怒的因素

每個人都有會引發自己憤怒反應的觸發因素。有些人稱這些觸發因素為「地雷」或「怪癖」。不論你怎麼稱呼這些觸發因素，每當令人生氣的事情發生時，你要能夠找出和辨別這些因素，因為這些因素可能造成你大發雷霆。

莉亞的經驗談

塔比莎在走廊上走到莉亞面前，指控對方從她的置物櫃裡拿走作業本。但莉亞根本沒有靠近塔比莎的置物櫃！莉亞試著解釋，但塔比莎打斷她的話，並說：

「諾亞告訴我們，她看到你今天早上在我的置物櫃前面，現在我的數學作業本不見了。我今天的數學課有翻書小考，我需要我的作業本。好了，把作業本還給我。」

莉亞握起了拳頭，聲音也變大：「塔比莎，我最後一次告訴你，我沒有拿你的作業本！」但塔比莎仍不罷休，她衝著莉亞大罵，說她是個騙子。這下莉亞的理智線斷了！

有兩件事是莉亞無法忍受的，一是被冠上莫須有的罪名，二是被人說她是騙子！家裡因爲有兩個年紀比她小的手足，所以莉亞老是被責怪，但在學校她絕對不容許這種事發生。她感覺全身的肌肉緊繃，開始動手推塔比莎並對著她大吼：「我沒有拿你那該死的作業本，而且我也不是騙子！」

你或許跟莉亞一樣，有某些事情會引發你的怒火，例如某人：

- 把你的祕密說出去

- 對你頤指氣使
- 爲了你沒說過的話或沒做過的事而責怪你
- 打斷你說話
- 沒徵求你的同意就拿走你的東西
- 編造關於你的不實文章或貼文
- 模仿你的一舉一動
- 在你趕著去某個地方時，慢慢開車擋在你前面

先試試看

利用以下的「觸發因素辨識和消除表」來追蹤哪些因素會引發你的怒火，而哪些條件又能消除這些因素。在「觸發因素」那一欄，寫下五件會觸動你的憤怒的事件。

在「消除觸發因素」那一欄，針對各項觸發因素寫下有助於消除或跳脫該因素影響的方法。例如，如果你被人冤枉時就會發脾氣，那麼或許你可以試著讓自己跳脫當下的情境，走到外頭呼吸新鮮空氣，讓自己的頭腦冷靜一下。讓自己持續陷在惹你生氣的情境中，只會造成更多壓力，讓你更生氣。在最後一欄替各項觸發因素評分（1至5分），1分表示不

常發生，3分表示有時候會遇到，5分表示常常發生。可以影印空白的「觸發因素辨識和消除表」，或上 http://www.newharbinger.com/42457 下載，抑或在電子裝置上自己設計表格。

觸發因素辨識和消除表

觸發因素	消除觸發因素	評分

請說明你如何藉由了解自己的憤怒觸發因素，事先預防自己發脾氣。

進階練習

將你填好的表格影印幾份或截圖隨時帶在身邊，在你覺得某個觸發因素快要被觸動時拿出來看。

現在你已經很清楚自己的憤怒觸發因素，你可以採取必要的步驟來消除這些因素的影響。

【第二部】

憤怒面面觀

第9課 「反擊、逃跑或愣住」急性壓力反應

每當我們感覺到危險時，身體會立刻進入保護模式。身體會將腎上腺素釋放到血液中，這種化學物質可以讓體內能量迅速激增，因此你的瞳孔會放大、心跳會加速、血壓會升高、呼吸會加快，你會對周遭環境產生警覺性和高度敏感性。這些反應都屬於「反擊、逃跑或愣住」反應的一部分，其目的只有一個，就是要保護你。

米亞的經驗談

米亞收到一則簡訊，通知她被標註在一則貼文裡。當她上網一看，驚訝地發

現那則貼文揭露的是她的糗事。

起初米亞覺得丟臉，心想：「不知道誰看過這則貼文了？我該怎麼辦？這則貼文是誰放上網的呢？」等到一開始的驚訝與焦慮感慢慢消退後，米亞開始執著於找到那個人，並決心要此人因爲害她出糗而付出代價！

此時，米亞在看到這則貼文感到驚訝之餘，可能會出現三種反應：反擊、逃跑或愣住。她經歷了這三種反應後，最後決定要找出必須爲這件事負責的人（反擊模式）。雖然這種反應可能是想保護自己，卻也可能導致負面的結果。重要的是要能分辨憤怒在何時觸動了反擊反應，如此才能想清楚當下的情況，提出最理想的解決方案。

先試試看

1. 請讀完以下的「反擊、逃跑或愣住」情境，接著針對梅森的各種選項標示P（正面）或N（負面）。

梅森爲了他的課堂上台報告已經準備了整整一週，但是等他上台報告時，他發現同學都在看著他竊竊私語和竊笑。他試著將注意力集中在自己的筆記上，不去理會那些人，但他的腦袋變得一片空白。等到老師催促他開始報告時，他看著台下的同學狂冒冷汗，腦中只想著：「他們在說什麼？該不會是我拉鍊沒拉或是頭髮亂七八糟吧？」梅森滿腦子只剩下負面想法，把自己準備好的講稿忘得一乾二淨了。

梅森在這種困境裡應該怎麼做呢？

選項：

____ 像是被車頭燈照到的小鹿一樣，整個人愣住。

____ 做個深呼吸，把注意力拉回來，假裝自己是在家練習上台報告。

＿＿要求私下與老師談談。

＿＿衝出教室再也不回來。

＿＿說一些「站在台上真的不容易，等輪到你們上台就會知道了」之類的話。

＿＿對全班大吼，誰叫他們表現得這麼渾蛋。

＿＿說個笑話緩和緊張氣氛。

如你所見，某些選項優於其他選項，也比較不容易造成負面結果。

2. 請參考以上例子，針對以下的各項情況提出一些正向的選項。

碧安卡有信心自己一定會成爲學校話劇的女主角。今天演員名單就要公布，她一定會看到自己的名字列在名單第一個。午餐時間，碧安卡和一群學生一起擠到布告欄前看名單，卻看到艾娃才是女主角，而自己只是合唱團成員之一！艾娃笑著走來，好幾名同學恭喜她獲選爲女主角，但碧安卡卻轉頭就走。

碧安卡有哪些選項呢？

茉莉在數學課上老是向漢娜借手機。某天下課後，漢娜請茉莉把手機還給她。「呃，手機不在我這裡耶。我借給伊安讓他用計算機了。」漢娜簡直不敢相信自己的耳朵。茉莉根本無權把她的手機借給別人啊！漢娜擔心伊安可能會偷看她的個人資訊，侵犯她的隱私權。她必須盡快找到伊安，把手機拿回來。就在漢娜走向伊安時，她發現伊安正和一群男生邊笑邊滑她的手機，偷看她的簡訊內容。

漢娜有哪些選項呢？

進階練習

1. 請寫下你曾經面臨必須選擇「反擊、逃跑或愣住」的情境。

2. 當時你有哪些選項？

3. 你當時怎麼做？

4. 你希望自己當時採取哪些不同的做法？

第10課 與情緒和感受連結

很多人都以為情緒和感受是相同的，事實並非如此。情緒是你的身體對於某個事件或情況的反應，感受則是你對於自己目前情緒的解讀。了解兩者之間的差別，有助於你清楚知道自己的情緒如何影響你的感受，反之亦然。

布萊迪的經驗談

布萊迪最討厭老師給太多作業。那種感覺就像是老師們聯合起來對付學生，一次塞一大堆作業過來。布萊迪以自己的學業表現爲榮，他很努力將自己的成績維持在平均A／B的水準，但參加籃球隊加上其他的事情，讓他的成績開始退步。最近布萊迪發現只要講到功課，他就變得很易怒。

他把自己的高壓力和低成績都歸咎於老師。如果他們可以不要再給作業就好了！如果情況再不快點改變，布萊迪就要爆發了。以1至5分，5分爲最高分來評斷，布萊迪目前的怒氣已經累積到了4.9分。

布萊迪不明白的是，他其實有其他選擇可以改善自己的情況。例如，他可以請老師在某項作業上多給一些時間，或是他可以和老師談談作業的交期都定在同一天所造成的問題。另一個選擇是什麼都不做，讓他的怒氣持續累積和膨脹。布萊迪的憤怒是他目前經歷的情緒，而他的憤怒造成的相關感受則包括失望、恐懼、壓力、手足無措、焦慮和擔憂。

先試試看

1. 利用以下的「情緒與感受環狀圖」，學習連結自己的情緒與感受。內環有四種主要情緒，分別是憤怒、恐懼、悲傷和快樂。外環則是通常與該情緒相關的感受。請針對圖中所列的每一種情緒，說明你記憶所及最近一次經歷這些情緒的情況，並且在你說明時確認當時伴隨情緒而來的感受。

   如果你認為常與某種情緒相關的感受並未列在以下的環狀圖中，可以自己動手寫上。你可以影印空白的「情緒與感受環狀圖」，或上 http://www.newharbinger.com/42457 下載，抑或在電子裝置上自己設計表格。

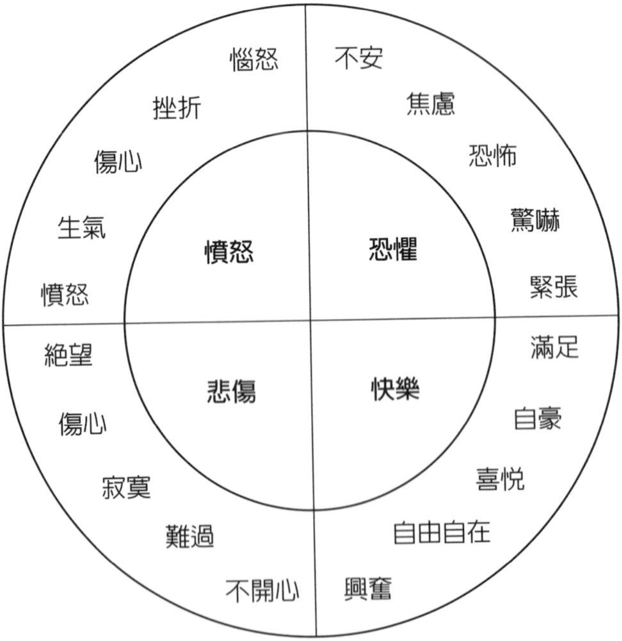

情緒與感受環狀圖：範例

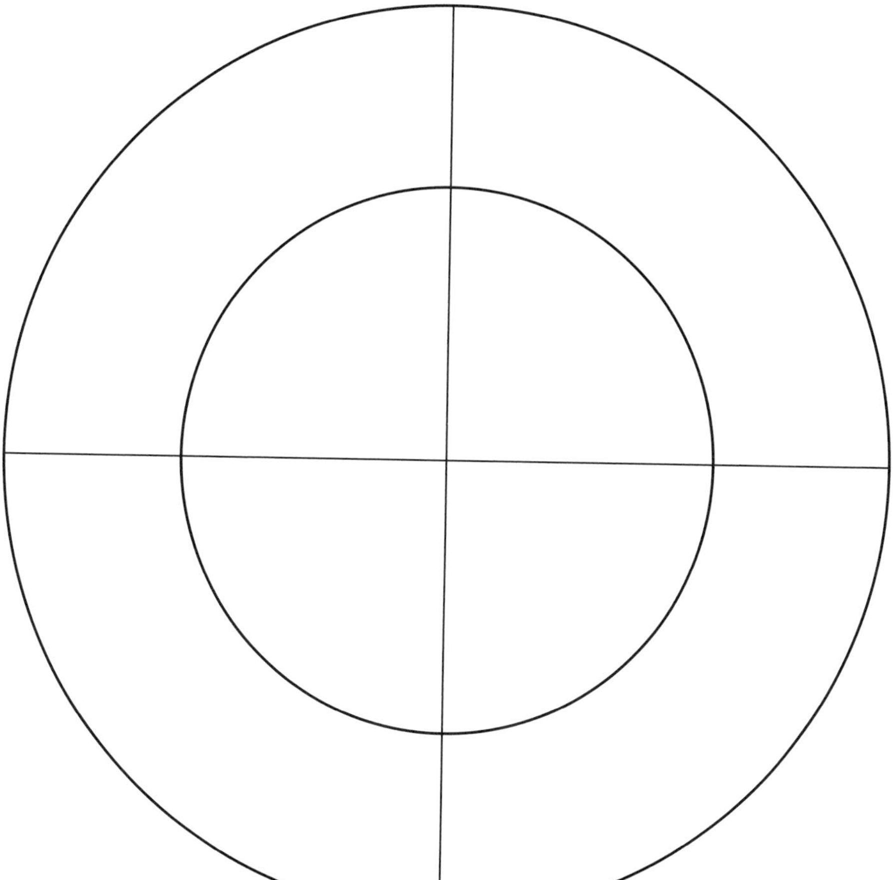

情緒與感受環狀圖

2. 接下來這一週請特別留意自己的情緒和伴隨這些情緒而來的感受。在週末時再做一次這個練習，並寫下你觀察到的模式。例如，你或許發現自己往往在壓力大、忙不過來（感受）的時候發脾氣（情緒）。接下來，請找出有哪些模式會導致你覺得壓力大、忙不過來。例如，如果你老是在趕時間、總是遲到，你可能就會感受到龐大的壓力，導致你覺得自己忙不過來，進而大發脾氣。找出這個模式對你極有益處，因為現在你知道你必須努力讓自己準時。

請寫下自己觀察到的任何模式：

進階練習

評分表是很有效的工具，可以幫助你評估自己感受的強度。以下說明如何使用評分表來監控自己的感受：在你對某個情況出現情緒反應時，首先要確認自己的情緒，然後判斷自己的感受。根據這項資訊，以1至5分來評分你的感受，1分最低，5分最高。這麼做的目的是要讓你覺察惱人的感受，以免它升到最高點。

透過思考自己今天經歷的情緒強度來練習評分；這些情緒不一定都與憤怒相關。以布萊迪的情況爲例，他知道如果自己不立刻採取行動，情緒就會爆發。在5.0分的評分表中，他的怒氣已經衝到4.9分了。伴隨他的憤怒（情緒）而來的感受包括：因爲沒時間做完所有事而感到壓力大，害怕被當，也因爲自己沒有最佳表現而感到失望。他其實可以提早覺察到這些感受，不讓這些感受累積而轉變爲憤怒，例如，他可以在怒氣升到第二級開始感覺到些許壓力與恐懼時，便採取行動跟教練或老師談談，讓自己的怒氣不再繼續升高。

1. 寫下你的情緒。

2. 確認伴隨這個情緒而來的感受。

3. 以1分（最低）至5分（最高）來評斷，你會給這種感受打幾分？

4. 如果這是讓人困擾的感受，請寫出你可以做哪些事情讓自己好過一點，以降低評分的強度。

第11課 揭開憤怒的面具

憤怒是偽裝大師，會偽裝成羞恥、恐懼和悲傷等各種情緒。當我們遭遇不順心的事情時，發怒會比展現出自己脆弱的一面、承認自己傷心或害怕來得容易。用憤怒來偽裝自己的感受並不能解決問題，這麼做只會暫時掩蓋問題，可能導致問題變得更嚴重。

傑克的經驗談

傑克感覺得出來家裡不對勁。他的爸媽總是在吵架。他爸爸常常出門，有時甚至徹夜不歸。他媽媽則是常常在哭，也不像以前那麼愛說話了。他甚至還偷聽到爸爸說要搬出去。

傑克對未來感到焦慮，也因爲爸媽不信任他、對他隱瞞情況而覺得傷心。他也覺得愧疚，因爲他心想他們會不會是爲了他吵架。他知道自己最近並沒有做出最好的決定。

最後，某個星期六吃早餐時，爸媽對他說他們正在和律師談，打算離婚。傑克的心跳開始加速，因爲他擔心自己的生活會有所改變。他朝餐桌捶了一拳，從椅子上跳起來大吼：「你們毀了我的人生！你們怎麼可以這樣對我？」說完，他衝回自己的房間把門甩上。

幾分鐘後，媽媽走到他房門口敲門。「傑克，我們談一談吧。你知道覺得傷心和害怕是很正常的。我自己也有這種感覺，但是用憤怒掩飾自己的感受並不能改善情況。事實上，這會導致你逃避自己的眞實感受，只會讓情況變得更糟。我們坐下來好好談談，不要大吼大叫，好不好？」

先試試看

1. 你的憤怒會偽裝成什麼？以下的清單代表生活中憤怒可能偽裝成的一些感受。把任何符合你情況的感受圈起來，或在空白線條處補充你的其他感受。

焦慮　嫉妒
沮喪　寂寞
恐懼　羞恥
挫折　壓力大
貪婪
傷心

2. 請具體描述自己用憤怒掩飾感受的某個情況。

3. 如果當時你能表達自己真實的感受，會有什麼助益？

進階練習

想像自己參加化裝舞會，所有參加者都帶著憤怒的面具，每個面具底下都隱藏著傷心、愧疚、羞恥、恐懼或焦慮。如果我們追溯每個人憤怒的根源，就會發現獨特的隱情，但憤怒往往讓人忘了背後的故事並吸引了所有的目光。如果你是這場舞會的參加者，你的憤怒之下隱藏了什麼？你又有什麼隱情呢？

請利用你在上頁確認的字詞，在網路或雜誌上找到圖片、俚語或詞句來代表你藏在憤怒下的隱情。剪下或列印這些代表句子，貼在左頁的面具上。這個面具代表憤怒，而你的剪貼則表示你揭露了藏在憤怒下的隱情。

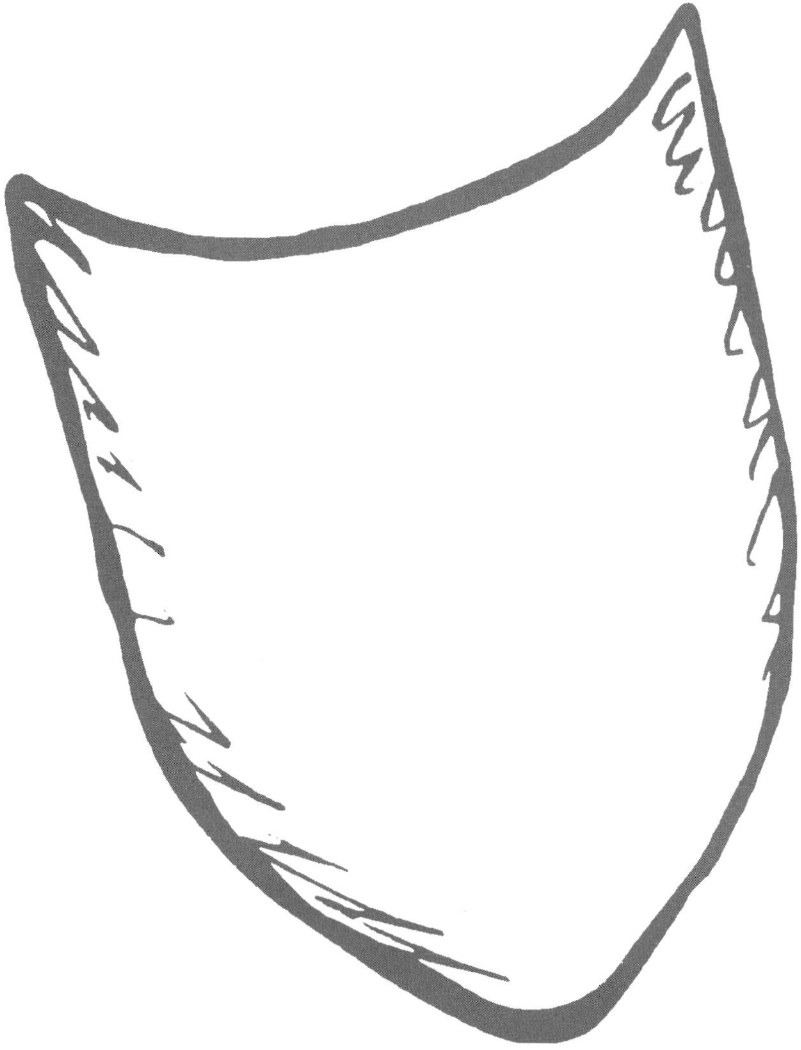

第12課　觀察思緒的流動

> 思緒不過是大腦的產物，它們沒有情緒，也不會未經你的允許就造成或解決問題。只有將思緒付諸實行，才能讓它們成為現實。

你可以學著區隔自己的想法，藉此主動觀察自己的思緒。想像自己躺在一片空地上，看著在天空中飄浮的彩色氣球，每顆氣球都代表你的思緒，而你就是自己思緒（或氣球）的觀察者。

你的每個想法都是獨一無二的，有些不具意義，有些則很重要，更有些是具有破壞性與令人痛苦的。但眞相始終不變：它們全都只是想法而已，除非你把這些想法付諸行動，否則它們不會對你造成傷害或損害。例如如果你眞的很生氣，想要揍那個惹怒你的人，這沒什麼大不了——那只是一個念頭而已。然而如果你把這個想法付諸實行，出其不意地揍了對方，那麼你就有麻煩了。想要維持自由，就必須理解你並不是你的想法，你的想法也不是你。

先試試看

利用這個氣球的隱喻，練習觀察自己的思緒。

1. 首先找一個安靜的地方，以你覺得舒服的姿勢，想像自己躺在一片草地上。當你仰望天空時，會看到許多氣球飄浮在空中，每顆氣球上都綁著一條彩色緞帶，代表你的其中一個思緒。
2. 現在仔細留意所有飄過你眼前的氣球，伸手抓住其中一顆氣球的緞帶。同樣地，這些氣球都是你目前經歷的想法，因此請專注在一個想法上就好。
3. 特別留意是「誰」擁有這個想法，是「誰」抓著氣球。
4. 請注意這個想法是毫無力量的，因爲它並未與你這個觀察者相連，而是與你分離的。雖然你手抓著這顆氣球，但它並不是你的一部分。

5. 接下來，將這顆氣球或想法放走，讓它隨著其他氣球或想法飄走。
6. 重複以上步驟，再選一個想法。
7. 最後做一個放鬆的深呼吸，慢慢吐氣，結束這個練習。

進階練習

一開始要區分自己的想法與自我，或許會讓你覺得不自然。但練習久了，你就會開始自動去做這件事。每天騰出十分鐘留意自己的思緒。如果有哪個念頭需要特別注意，請停下手邊的事情去關注這個想法、加以確認，但不要緊守著不放。提醒自己那只不過是一個念頭。讓這個念頭獲得關注，但不要讓自己的想法變成了你——要讓這些想法像氣球一樣與你分離。一旦讓不好的想法掌控你的生活，你就會變得悲慘，而且可能做錯選擇。相反地，如果是正常且重要的想法，那就將它付諸實行。你會寧願去實踐正常的想法，而不是去實行痛苦的念頭。

第13課　揪出扭曲的想法

扭曲或誇大的想法會讓憤怒壯大。只要知道自己何時會出現扭曲的想法，並在發現扭曲的想法出現時加以正視，就能擊退憤怒。

扭曲的想法可分爲數種類型，以下是最常見的幾種。

- **怪罪他人**。將當下情況的所有責任推給他人，同時忽視自己在這個事件中可能扮演的任何角色。怪罪可能讓你覺得自己無力改變，因爲你已將自己所有的責任都推給了他人。例如：「會發生這樣的事都是你害的！」或是：「如果你沒有那樣做，這件事根本不會發生！」

- **放大情況**。假設最壞的情況，並將事情不成比例的放大。這會造成無助感，因爲你已認定自己注定會經歷最壞的情況，既然如此，何必努力？
例如：「你毀了一切！」或是：「太糟糕了，這件事我一輩子都不會忘記！」
- **貼上標籤**。根據自己對他人的感覺來給別人扣上帽子。貼標籤會讓你更爲憤怒，因爲你告訴自己那個人可鄙又犯了錯，所以你說服自己你所做的一切都是合理且正確的。
例如：「你眞笨！」或是：「你眞是一無是處！」
- **妄下結論**。認爲別人是故意做出對自己不利的事。妄下結論會讓你認爲別人都是故意在爲難你。
例如：「她故意害我惹上麻煩！」或是：「他故意讓我當眾出糗！」
- **以偏概全**。只依據當下情況的其中一個面向，就用決定性的字眼做出結論。以偏概全常用的字詞包括：「老是」、「每一個」、「每個人」、「沒有人」或「永遠不會」。以偏概全會讓你覺得其他人彷彿都在跟自己作對，都覺得你不夠好，或認爲你一定會失敗。

例如：「每個人都覺得我是個窩囊廢！」或是：「她老是在背後說我壞話！」

先試試看

請閱讀以下這段文字，在你找到的每個扭曲想法旁邊畫線。在你畫線的那段文字上方或空白處，寫下你認爲這屬於哪一類型的扭曲想法，例如怪罪他人等。正確答案請見第87頁。

我的老師很不公平，而且他討厭我，因爲他老是給我全班最低分，所以我再怎麼努力想拿好成績也沒用，反正他一定會把我當掉！他眞是個大笨蛋。我知道他是故意刁難我。他毀了我的學業平均成績，現在我永遠進不了好大學了。這個蠢蛋毀了我的未來！

1. 請說明這些扭曲的想法如何讓這位同學更為憤怒。

2. 請寫下一些可行的解決方案，幫這位同學解決問題，讓他能夠妥善的應付這個情況。

進階練習

請將你最近對於某個不公平的情況所產生的想法，寫成與前例類似的短文。回頭看自己的短文，將自己扭曲的想法畫線並註明類別。

1. 請說明自己扭曲的想法如何讓你更為憤怒。

2. 回想過去，你當時其實可以採取哪些正向的方法幫助自己應付這些扭曲的想法？請在下方寫下你的解決方法。

「先試試看」答案

我的老師很不公平，而且他討厭我（**放大情況**），因爲他老是（**以偏概全**）給我全班最低分，所以我再怎麼努力想拿好成績也沒用，反正他一定會把我當掉（**怪罪他人**）！他眞是個大笨蛋（**貼上標籤**）。我知道他是故意刁難我（**妄下結論和放大情況**）。他毀了我的學業平均成績（**怪罪他人**），現在我永遠（**以偏概全**）進不了好大學了（**妄下結論**）。這個蠢蛋（**貼上標籤**）毀了我的未來（**放大情況**）！

第14課 運用ABC模式對治憤怒

留意憤怒的想法對自己行為造成的影響，或許能幫助你選擇更理想的方式來面對令人惱火的情況。你可以透過ABC模式輕鬆地了解自己的憤怒反應。

透過ABC模式，可以將自己的憤怒反應分解成數個小階段。以下說明這個模式的運作方式：

A：觸發事件（Activating event）（激怒你的情況）

你正在寫期末報告，決定稍微休息一下。你沒在用筆電的這段時間，你弟弟用這台筆電上網打電玩，因爲你平常都讓他用你的電腦打電玩。但在啓動遊戲的過程中，他不小心關閉了你正在寫的文字檔。不幸的是，你已經有一陣子沒存檔了。

B：對事件的想法（Beliefs about the event）

想法可以分爲理性和非理性。理性的想法是對事件縝密思考並以邏輯推論後得出的產物，例如：「我的報告之所以不見，是因爲我沒有存檔。」不同於理性的想法，非理性的想法則毫無邏輯也不健全。這些想法通常都源自於情緒化的反應和扭曲的想法，例如：「都是弟弟的錯！」或是：「這下我鐵定會被當！」

C：結果（Consequences）

你跑去找弟弟，將他狠狠推倒在地，並放聲大吼罵他害你作業不及格！

接下來請你檢視自己對於觸發事件的想法，判斷這些想法是否理性。如果不是，請遵循以下兩個步驟：

1. 問問自己，旁人會對這個情況提出什麼問題。這些問題可以反駁你認爲對方是故意做這件事的想法。可以思考類似以下的問題：「你弟弟是故意這樣做，還是不小心的？」「你爲什麼不存檔？」「你爲什麼不提醒弟弟，你正在寫很重要的報告，請他不要碰你的電腦？」

2. 問問自己，將來該如何避免類似的情況發生。在本例中，也許包括：設定自動儲存功能作爲預防措施，或使用能夠自動儲存的雲端程式；告訴其他人，自己正在做很重要的工作；把私人物品收好；訂立新規定，要求他人必須先徵求你的同意才能使用你的私人物品。

先試試看

現在來實際落實ABC模式。請回想某個最近讓你發怒的情況。就像前述的例子，運用這個模式來處理事情。可以影印「處理憤怒的ABC模式」空白表格，或在http://www.newharbinger.com/42457下載，抑或在電子裝置自己設計表格。

處理憤怒的 ABC 模式

A 觸發事件是什麼（惹怒你的情況）？

____

____

B 你對這個事件有哪些非理性的想法？

____

____

C 這些想法造成的後果是什麼？

____

____

你要如何反駁這些想法？

____

____

你該如何避免未來類似的情況再度發生？

____

____

進階練習

處理自己的怒氣可以像學ABC一樣簡單。下次當你發現自己為了某件事生氣時，不妨運用這個ABC模式來幫助自己面對情況。這個模式能讓你從他人的角度看事情，並消除任何非理性的想法。

你可以用手機照相功能將「先試試看」內文拍照下來，或將ABC模式的步驟影印後貼在顯眼的地方提醒自己。每次遇到必須運用邏輯思考來處理的情況時，就可以參考這個複本。

第15課 辨別憤怒的各個階段

憤怒會在不同階段逐漸累積。如果能了解憤怒的發展過程，就能迅速判斷自己何時開始惱怒，並在氣昏頭之前先澆熄怒火。

以下的故事說明了憤怒的各個階段。在閱讀各種情境時，請思考自己生氣時所經歷的不同階段。

第一階段：點燃怒火

艾力克斯準備要參加一場重要的足球比賽。他看了時鐘，現在是下午五點十五分。他得在十五分鐘內趕到球場，卻沒人在家可以開車送他過去。爸媽跑去哪兒了？他試著打電話，但沒人接聽。隨著時間一分一秒過去，艾力克斯越來越焦慮。

觸怒艾力克斯的原因為何？如果你猜的是「遲到」，那就答對了！

第二階段：你告訴自己非理性而且扭曲的資訊，將自己的憤怒合理化

艾力克斯焦急的等待父母回家的同時，腦中不停想著：「等我到的時候，比賽都要結束了。我一定會被踢出球隊！」

憤怒會扭曲現實。你可以發現艾力克斯相信自己的想法，導致他出現怪罪他人、放大情況等行為，認為情況比實際更糟。

第三階段：你根據自己憤怒的想法和感受採取行動

到了五點四十分，他爸爸將車開上了車道按了喇叭。艾力克斯衝出家門。他的心跳加速，整個人氣炸了。他將車門猛然打開，將足球用具扔進後座，然後跳上駕駛座旁的座位，用力關上車門。「走了，快點啦！如果我被踢出球隊，那都是你害的！」

艾力克斯讓壓力助長了他的怒火。他無法思考他父親遲到的原因，例如車子出問題或路上遇到車禍導致塞車等。一個人生氣時很容易受到情緒影響而變得盲目，以致無法思考其他選項。

先試試看

艾力克斯的怒火一旦被點燃，就會在各個階段中不斷累積擴大，最後演變為一場徹底的暴怒事件。請在以下空白線條處為他的故事寫下新的結局。想想他對於觸發怒氣的事件可以有哪些不同的反應，並說明他應該如何排解自己非理性與扭曲的想法。相較於心平氣和、不慌不忙的抵達球場，如果他氣沖沖的到球場，可能會有什麼舉動，請加以說明。

進階練習

請回想自己發脾氣的時候。說明自己怒氣累積的各個階段。

1. 第一階段：某件事點燃了你的怒火

哪些事情讓你動怒？

2. 第二階段：你的想法開始扭曲

你找了哪些理由來將自己的憤怒正當化？例如，你是不是覺得都是某個人的錯，或還沒弄清楚所有事實就直接做出錯誤的結論？

3. 第三階段：你根據自己扭曲的想法及感受採取行動

你的扭曲想法如何影響你的行為？

4. 有一句俗語叫「後見之明」，意思是如果時光倒轉，你會根據自己現在知道的資訊而採取不同的做法。請回想自己當初的情況，根據自己如今對於怒氣發展階段的了解，說明你會採取什麼不同的做法。

第16課 留心盛怒下的決定

生活中要做某些決定比較容易，但憤怒之下所做的決定可能會造成不良後果。在情緒化的狀態下很難保持思慮清晰，因此生氣時必須仔細權衡選項，以免最後做出讓自己事後悔恨的事情。

生活中要做許多的決定。有些是小事，像是穿什麼衣服去約會或是看哪部電影。有些則是可能改變一生的大事，像是坐上酒醉朋友開的車，瞞著爸媽偷溜出去參加派對，或是在學校和你看不順眼的人打架等。

憤怒可能影響你的判斷力，導致你更難做出明智的決定。學習權衡選項，仔細考量自己決定的利弊得失，可以讓你做出最不需承擔負面後果的最佳決定。

先試試看

伊凡的好幾位朋友都告訴他，寇弟打算放學後找他打架。打從這個學年開學以來，寇弟就一直不斷抱怨伊凡，伊凡忍了兩個月，已經受夠了。這次是最後一根稻草。伊凡怒火中燒，唯一想做的就是讓寇弟永遠閉上嘴。但即使他很氣寇弟，他還是不確定打架是解決問題的辦法。

在伊凡做出任何會讓自己後悔的事情之前，他決定先冷靜下來思考自己所有選項的優缺點。他列出的項目包括：

- 讓寇弟從此閉嘴，感覺很棒。
- 我可能會被退學。
- 寇弟從此不敢再說我的壞話。
- 可能會影響老師對我的觀感。
- 我可能會被警方以重傷害罪逮捕，並因此吃上官司。
- 有人可能會受重傷。
- 爸媽會對我感到失望。

- 這件事可以讓其他人知道少來惹我。

1. 除了以上所列的項目，你能想出其他的優缺點嗎？

____

____

2. 請判斷以上所列的項目屬於優點還是缺點，並寫在正確的欄位中，藉此幫助伊凡權衡他的選項，也就是要打架還是不打。

打架的優點	打架的缺點

3. 檢視過利弊得失後，請說明你認為伊凡應該做何種決定，並解釋為何這是最佳選項。

進階練習

請想想自己目前正面臨的決定（不一定與憤怒有關）。寫下各種潛在選項的利弊，練習權衡選項。可以影印「權衡選項」空白表格，或上 http://www.newharbinger.com/42457 下載，抑或在電子裝置自行設計表格。

每次做決定時，請先權衡所有選項，想清楚優缺點。

權衡選項

決定：

優點	缺點

【第三部】

調適憤怒情緒的溝通技巧

第17課 接納事情的不同面向

任何一件事通常都可以從不只一個角度來看。然而雖然有不同觀點存在，但在盛怒之下可能很難察覺。因此遇到同一件事的兩個人，對事情卻有截然不同的想法，這種情況並不少見。

這是從瑪洛里的角度看到的情況：

瑪洛里和凱西正在看電影。瑪洛里看到她們的朋友莎拉坐在布雷克旁邊，而凱西對布雷克很有好感。那兩個人不停說著悄悄話，又注視著對方的眼睛。瑪洛里簡直不敢相信自己的眼睛。「難道莎拉和布雷克在一起了嗎？莎拉怎麼可以這樣對凱西，尤其凱西的生日又快到了！被朋友背叛，多棒的生日禮物啊！」她心想。

這是從凱西的角度看到的情況：

凱西發現莎拉和布雷克正在說悄悄話。凱西眞的很喜歡布雷克，所以她很仔細觀察他們。「那兩個人在盤算什麼？他們好像在計畫什麼。不知道會不會跟我的生日有關？」她心想。凱西等不及想知道他們要給她什麼生日驚喜了！

瑪洛里和凱西雖然看到了同一件事，但她們對於這件事的解讀卻截然不同。你對於事情的解讀或看法稱之爲「認知」。例如，凱西信任布雷克和莎拉，因此並未假設他們在做壞事，而瑪洛里則是做了最壞的假設。你是否也曾經和其他人對同一件事有不同的解讀呢？

先試試看

在衝突中，你的認知可能會有所偏頗，導致你只看到事情的其中一面，儘管這件事還有其他面向。要讓自己能夠從不同角度看事情，其中一個方法就是站在他人的立場看事情。這可以讓你明白，對於同一件事往往可以有多種認知或角度。如果你覺得難以從不同角度看事情，可以向其他人說明情況，聽取他們對於這件事的看法。

1. 憤怒時很難將不同角度的看法納入考量。請回想最近讓你不開心的情況。在以下「你的認知」中寫下你對這個情況的看法，接著在「他人的認知」中寫下他人對於同一個情況可能會有的不同看法。請見以下範例。

你的認知：

我的朋友沒打電話給我。她一定是生氣了。

他人的認知：

她實在太忙了，即使她晚點才打電話給她朋友，相信對方也能理解。

2. 請說明對於同一件事的不同認知或觀點如何擴大成為憤怒。

3. 請說明了解不同的認知如何有助於減輕怒意。

進階練習

請看以下的圖片，試著邀請朋友或家人和你一起做這些練習。聽取他人的意見，有助於你明白不同的人對於同一件事的看法可能會有所不同。

在左下的圖片中，你看到的是花瓶還是兩個人的側臉？在右下的圖片中，你看到的是少婦還是老婦？如果你兩者都看得到，請留意自己先看到的是哪一個。

將這些圖片拿給朋友看。他們看到的東西是否一樣？如果不是，誰對誰錯？

如果你想對認知有進一步了解，可以上網搜尋視錯覺圖片。最常見的一張圖是藍黑色還是金白色洋裝的圖片。請看看自己對那張圖有何想法。

就像這些圖片，在生活中有些情況也未必有正確或錯誤的答案，一切端看你對事情的看法。

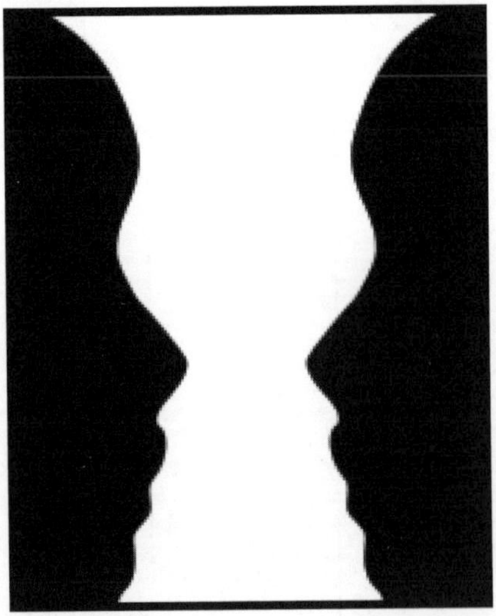

第18課 讀懂他人意在言外的訊息

言詞並不是人們溝通的唯一工具。事實上，像「肢體語言」的非言語溝通，比言語溝通更常被使用。非言語溝通是指透過動作、臉部表情、姿勢及語調來表達自我，亦即透過言語以外的方式來溝通。

不必開口也能溝通，這個想法聽來可能很奇怪，但其實你常常都在進行非言語溝通。非言語溝通能向他人傳達自己的想法和感受等訊息，甚至不必開口就能傳達訊息。

以下列舉一些利用身體來表達挫折和憤怒的方式：

- 翻白眼
- 摀住耳朵

- 雙臂交叉抱胸
- 瞪眼
- 對人比中指
- 嘆氣
- 握拳
- 咬嘴唇
- 咬牙切齒
- 不耐煩的用腳掌拍地
- 用手指指人

並不是所有的肢體語言都具有敵意。以下是一些表示友善的非言語訊息：

- 揮手打招呼
- 微笑
- 擁抱
- 飛吻

- 對人眨眼
- 輕拍某人的背
- 拍手
- 對某人豎起大拇指
- 贊同的點頭

先試試看

請利用一整天時間，留意他人如何運用肢體來溝通。在肢體語言溝通表中，寫下你觀察到的任何手勢、臉部表情或肢體訊號。也請仔細觀察這些肢體語言發生在何種情況中，你認為對方在傳達什麼訊息。可以影印空白「肢體語言溝通表」，或上 http://www.newharbinger.com/42457 下載，抑或在電子裝置上自行設計表格。

肢體語言溝通表

肢體語言	情況	傳達的訊息

進階練習

肢體語言有時可能導致溝通不良。例如，你可能以爲某個男生對你做鬼臉、翻白眼是在嘲笑你，但說不定是他的隱形眼鏡出了問題。或是你可能以爲某個女生搓手是覺得冷或是在擔心，但可能她只是在擦護手霜。我們對事情很容易有不正確的解讀或錯誤的假設，因此只要有一絲懷疑，就開口問吧。

1. 你是否曾經誤會過他人的肢體語言？請說明當時的情況。

2. 是否曾經有人誤會過你的肢體語言？請說明當時的情況。

第19課　用心傾聽

聽和傾聽是不同的。聽是指聽到對方說話，卻沒有思考話中的訊息。傾聽則是專注並刻意留意對方話中的涵義。

溝通是處理怒氣的重要環節，而用心傾聽則是溝通的重要環節。傾聽能夠讓你對自己生氣的對象產生同理心，讓你能站在他們的立場看事情。生氣時或許很難傾聽對方說話，但這並不表示做不到，只是需要運用很多技巧和多加練習。

善於傾聽的人都具有以下特質：

- 他們會留意說話的人。

- 他們會看著對方。
- 他們會適時的點頭或微笑來表示自己感興趣。
- 他們會用自己的話重複對方說過的話，確保自己了解意思。例如，善於傾聽的人可能會說：「你的意思是說……？」或是：「所以你是說……」
- 他們會讓對方說完自己的想法，不會打斷對方說話。
- 他們會向對方提問，幫助自己更理解對方的意思。

先試試看

1. 請寫下自己何時展現出良好的傾聽技巧，例如在朋友需要幫忙度過難關的時候。

2. 請列出你做了哪些事，讓對方知道你正認真傾聽他們說話。例如你是否看著對方，或複述

對方說的話（也就是用自己的話重述對方說過的話）？

3. 現在請回想別人用心傾聽你說話的時候。請說明你如何判斷對方正在用心聽你說話。

4. 請說明他人專心聽你說話，並重視你說的話，讓你有什麼感覺。

5. 生氣時用心去傾聽有什麼好處？

進階練習

用心傾聽是需要練習的。磨練傾聽技巧的一個好方法就是跟好朋友說話。下次當朋友告訴你一些事情時，請專心傾聽，而不要只是聽聽而已。在談話之後，請思考自己在傾聽方面表現得如何。

1. 你對於自己傾聽朋友說話的表現打幾分？

2. 請說明自己會做哪些事情來表示你正在專注傾聽。

3. 請說明自己可以做哪些事情來精進傾聽的技巧。

第20課 注意憤怒當下的用詞

你的用字遣詞和說話方式都很重要。通常生氣時，音量可能變大，並指責他人的錯處。你的用字可能是影響對方反應的重要因素。你的用詞可能會鼓勵對方聽你說話，或讓他們對你說的話產生反感。用字遣詞真的很重要，這件事不容忽略。

憤怒可能會導致你出現指責性的言語，只著重於怪罪他人。而他人一旦覺得受到攻擊，往往就會停止傾聽，開始思索如何反擊。指責性的言詞包括「應該」、「總是」、「一定」、「早該」和「總是不」等，可能會引發爭吵與衝突。既然有指責性的言詞，便也有可以減輕怒氣及帶來有效溝通的言詞，這些用詞稱爲非指責性言詞。

以下舉出幾個例子：

1. 你在生一個朋友的氣，因爲他以前都和你一起吃午餐，但最近他卻跑去其他桌和別人吃飯，害你獨自一個人吃午餐。

指責性訊息：「你老是忽略我！」

非指責性訊息：「你不跟我一起同桌吃午餐，讓我難過又擔心，因爲我覺得你不再喜歡我了。」

2. 你一直想對朋友訴說家裡的問題，但她卻在你說話的時候不停跟人傳簡訊。

指責性訊息：「你老是不聽我說話！」

非指責性訊息：「我試著向你訴說重要的煩惱，你卻在打簡訊，眞的讓我覺得難過，彷彿我的問題根本不重要。」

先試試看

現在輪到你嘗試傳遞這些訊息。針對以下情況寫下你會如何用指責性訊息回應，接著再改爲非指責性的回應。

1. 你想認真上課，但坐在後面的同學一直用鉛筆當鼓棒敲敲打打。

指責性訊息：你＿＿＿＿＿＿＿＿＿＿

非指責性訊息：你＿＿＿＿＿＿＿＿，讓我覺得＿＿＿＿＿＿＿＿，

因爲＿＿＿＿＿＿＿＿＿＿＿＿

2. 你的朋友當著全班的面說出你暗戀的對象，讓你下不了台。

指責性訊息：你＿＿＿＿＿＿＿＿＿＿

非指責性訊息：你＿＿＿＿＿＿＿＿，讓我覺得＿＿＿＿＿＿＿＿，

因爲＿＿＿＿＿＿＿＿＿＿＿＿

3. 你的小組今天應該上台報告，但你發現自己是全組唯一有做功課的人。

指責性訊息：你＿＿＿＿＿＿＿＿＿＿

非指責性訊息：你＿＿＿＿＿＿＿＿，讓我覺得＿＿＿＿＿＿＿＿，

因爲＿＿＿＿＿＿＿＿＿＿＿＿

4. 你母親下班回家。你今天一直在打掃家裡，只是還沒打掃到自己的房間，但她卻罵你什麼事都沒做。

指責性訊息：你＿＿＿＿＿＿＿＿＿＿＿＿＿＿

非指責性訊息：你＿＿＿＿＿＿，讓我覺得＿＿＿＿＿＿，

因爲＿＿＿＿＿＿＿＿＿＿＿＿＿＿

進階練習

請用一個星期，記錄自己每次傳達指責性訊息的時間，並留意其中是否包含「你」、「應該」、「總是」、「必須」、「早該」或「總是不」等字詞。你多常說出這種指責性訊息？請在以下表格中寫下你當天傳達指責性訊息的實際情況，接著勾選你的訊息中使用的指責性用詞。可以影印空白「指責性訊息表」，或上 http://www.newharbinger.com/42457 下載，抑或在電子裝置上自行設計表格。

	星期一	星期二	星期三	星期四	星期五	星期六	星期日	總計
指責性訊息								
你								
應該								
總是								
必須								
早該								
總是不								

1. 請檢視這些指責性訊息。你是否覺察到自己的用詞習慣？例如是否有哪個詞比其他詞更常用？

2. 請說明生氣時謹慎選擇用詞的重要性。

第21課

過濾憤怒當下的回應

生氣時很容易不經思索便說出心中的想法。未過濾的想法常常就這樣脫口而出。學習如何過濾我們的回應，可以避免我們說出或做出自己事後可能會後悔的話或事情。

卡莉的經驗談

卡莉受不了愛麗老是在其他朋友面前貶低她。但她並沒有把自己的感受私下告訴愛麗，而是加以忽略，但有一天愛麗做得太過分了。幾個月來，卡莉一直隱忍怒氣，但在這一刻，她激動的破口大罵，開始威脅對方，大聲罵粗話，並羞辱愛麗的長相。

由於愛麗和卡莉是朋友，因此她很清楚對方的痛點在哪裡。所有人都驚訝得說不出話來，停下腳步看著卡莉痛罵愛麗。愛麗終於有說不出話的時候了。等卡莉罵完，她覺得痛快多了，但接著她看到其他朋友都在瞪著她，而愛麗則是流著眼淚。她心想：「喔，不，我做了什麼？我應該先過濾一下我的想法的。」

有好幾種過濾器可以幫忙淨化東西，例如，淨水器可以過濾掉飲用水中的雜質，咖啡濾紙可以鎖住咖啡粉，過濾出咖啡。過濾器有一項功用，就是去除不要的物質。就像我們日常生活中使用的過濾器，我們的大腦也有內建過濾器，但我們生氣時可能會忘記使用它。

憤怒會讓人產生許多不好的想法，也許會讓我們覺得某個人很蠢、很醜或甚至一無是處。雖然這些想法源自於憤怒，但宣之於口非但沒有幫助，可能還殺傷力十足。那些在盛怒之下口出惡言的人，往往都希望自己當初能有不同的反應，然而說出口的話已是覆水難收。

以下五個方法可以幫助你過濾反應：

1. 別在盛怒之下回應。
2. 讓頭腦冷靜下來，先跳脫當下的情況。
3. 放慢速度，列出優缺點來權衡自己的選項。
4. 在把話說出口之前先練習一下。
5. 不要壓抑情緒。請盡早處理棘手的情況。

先試試看

1. 請詳細檢視卡莉的情況來練習過濾想法。回顧當時的情境，說明卡莉可能經歷的任何感受。

2. 卡莉在「破口大罵」的過程中，可能說出哪些未經過濾的字詞？例如在這種情況下，你可

能會說出哪些字詞？

3. 卡莉的行為可能造成什麼後果？

4. 請想想應該如何過濾這個情況。運用前述的五種方法來過濾反應，替卡莉的故事寫一個新的結局。遺憾的是，現實生活中，時光並無法倒轉，所以最好能從錯誤中學習，才能避免歷史重演。

進階練習

1. 請描述自己未能過濾憤怒反應的情況。

2. 請描述自己未過濾的反應造成的後果。例如你是否因此失去了朋友？

3. 如果你能回到過去過濾自己的反應，你會採取什麼不同的做法或說法？

第22課 別透過社交媒體表達憤怒

沒有什麼事比生氣時在網路上發文更容易惹出麻煩了。在網路上發文就等於讓他人來干涉自己的事，因此揭開了後續各種事件的序幕。所以明白在網路上哪些話可說、哪些話不能說是很重要的。

在網路上發文比當面告訴對方還容易。這是因爲螢幕會隱藏重要的社交線索，使我們無法解讀他人的反應，因此讓人有所向無敵的感覺。我們當面與他人溝通時，對方會透漏一些線索讓我們解讀他們對於資訊的反應，但透過鍵盤與他人溝通時，我們看不到對方的表情，也聽不見他們的語調。如果我們能得知對方的反應，也許就會明白自己在網路上的行爲有多傷人。

請想想：

- 我們透過電話口頭溝通時，可以從對方的語調來推斷他們的情緒。
- 我們與人面對面溝通時，可以觀察非言語的行爲並聽到對方說的話。
- 我們透過網路與人溝通時，完全無法得知自己的言論對另一方的影響。
- 我們在網路上發言，會讓他人輕易來干涉我們的事情，並引發更多事件。

知道在社交媒體上如何及何時回應是很重要的。在你回應對方之前，請先問自己以下五個問題，也就是人、事、時、程度和理由。

1. 誰會看到我的貼文？我是否願意讓我的家人、老師、教練、老闆及大學的招生代表看到我的貼文？
2. 我有什麼目的？是希望藉此解決問題，還是只想報復反擊？
3. 我應該何時發文？是否有必要立即發文，還是可以等一等？
4. 我目前的怒氣在憤怒量測表中達到幾分？1分等於心情輕鬆沒有生氣，5分等於怒不可遏（請見第50頁「你的憤怒量測表」）。在這個量測表中，我的怒氣達到幾分？如果是3分以上，請暫時遠離鍵盤，不要發文。

5. 我發文的理由爲何？是爲了報復某人，羞辱他們，還是要告訴他們我才是對的，而他們錯了？

先試試看

湯瑪斯受夠了。里昂姆在學校和社交媒體上不斷散播謠言，說湯瑪斯背著女朋友瑪麗亞偷吃。雖然湯瑪斯告訴瑪麗亞這不是眞的，但其他人也開始跟著瞎攪和，在網路上散播謠言讓情況變得更糟。後來湯瑪斯在家看到里昂姆又貼了一則謊言，接著他便收到瑪麗亞傳來的訊息說：「我們玩完了！」湯瑪斯整個人失控，覺得怒火中燒。他將手指放在鍵盤上，開始激動的打字回應里昂姆——他會後悔破壞我和瑪麗亞的感情的！湯瑪斯打開手機裡的相簿，往下滑找到了里昂姆在某次派對上做了某件事的照片，他絕對不會希望這張照片曝光的！湯瑪斯選取了那張照片，開始上傳……

請想像自己面臨湯瑪斯的處境，然後回答以下五個問題：

1. 誰會看到這則貼文？請列出除了里昂姆以外會看到這則貼文的人，並說明這則貼文可能造成的傷害。

2. 傳送這則訊息的目的為何？

3. 湯瑪斯應該何時發這則訊息？他立即回文的迫切性有多高？他應該採取什麼行動？

4. 你覺得湯瑪斯的怒氣達到量測表上的幾分？

5. 你認為湯瑪斯為何要發這則訊息？

進階練習

想想自己曾經在網路上貼過的惡文或看到別人貼的惡文。將那則貼文的內容寫在社交媒體五大提問表中，並回答這五個問題。可以影印空白「社交媒體五大提問表」，或上 http://www.newharbinger.com/42457 下載，抑或在電子裝置上自行設計表格。

社交媒體五大提問表

我

今天

貼文內容：＿＿＿＿＿＿＿＿

＿＿＿＿＿＿＿＿

五大提問

人：＿＿＿＿＿＿＿＿

事：＿＿＿＿＿＿＿＿

時：＿＿＿＿＿＿＿＿

程度：＿＿＿＿＿＿＿＿

理由：＿＿＿＿＿＿＿＿

爲了提醒自己在貼文之前先思考這五大問題，可以將這五個問題影印或拍照。下次當你在衝動之下想回文反擊時，請先用這五大問題引導自己做出最佳選擇。

第23課 用讚美代替批評

多數人在獲得讚美時都會覺得開心。另一方面，受到批評則會讓人覺得討厭，認為自己受到攻擊。不幸的是，我們在生氣時往往只著重於批評他人，而忘了對方的優點。

亞曼達上體育課時心情很好，開始唱起歌來。而珍娜今天過得很不順心，所以很快就覺得亞曼達的歌聲很煩，於是她大喊：「小姐，你走音了，你根本不會唱歌！拜託你幫我們大家一個忙，閉上嘴吧！」

你覺得亞曼達受到這種言語攻擊會有什麼感受？也許她會覺得丟臉、難過，甚至有點生氣。用言語打擊別人的信心很容易，但你試過用言語提升他人的信心嗎？你會得到截然不同的回應。聽到別人稱讚自己，你是不是覺得很開心，比如說「你今天眞好看」或是「你吉他彈得眞棒」？你也可以對他人做同樣的事。

先試試看

請在以下每一句讚美他人的話上方打勾，在打擊他人的話上方打叉。

_____ 你的幫助很重要。

_____ 你該好好整頓了。

_____ 你好笨。

_____ 你好有藝術天分。

_____ 你什麼事都做不好。

_____ 你做得眞好！

_____ 你考得眞高分。

_____ 你好懶惰。

_____ 你的聲音眞惱人。

_____ 你沒救了。

_____ 你眞是個好朋友。

_____ 你眞是個好聽眾。

_____ 你的運動神經好強。

_____ 你總是不聽話。

——你老是把事情搞砸。

——你人眞好。

——你幫了大忙。

——你眞的很可靠。

——你是個怪胎。

進階練習

有時你覺得自己不夠好，因此很難接納別人的讚美。例如有人說你很聰明，但其實你覺得自己很笨，那麼你可能就不會相信對方說的話。請回想自己不相信別人對你的那些讚美，將他們說的話寫在下頁的對話框內。你是否曾經因為同一件事獲得多人的讚美，卻完全不相信他們說的話？如果有，他們說了哪些讚美？你要如何敞開胸懷接受他人給你的讚美？

第24課 堅定表達自己的感受

生氣時或許很難明確區分積極、消極和堅定的差別。這些都是溝通的方法，但堅定是表達自我感受的最佳方式。

以下是針對不同溝通類型的分析：

- **消極**。你不會替自己發聲，而且會爲了取悅他人而違背自己的想法，因此別人會利用你，不把你當一回事。
- **積極**。你在表達自己的想法和感受時毫不顧慮他人的感受，往往會過於強勢的表達自己。

• **堅定**。你會冷靜、明確、自信、誠實的表達自己的需求與想法，能夠辯才無礙的表明立場，捍衛自己的權益，同時也尊重他人的權利。

以下舉例說明每一種溝通方式在實際生活中的運用情況。

班上有個同學來找你，他想抄你的作業。你花了好幾個小時寫作業，不希望冒著被逮到的風險。

消極：「好吧，應該可以吧，可是我希望我們不會被逮到。」

積極：「你傻了嗎？你知道我花多少時間寫這份作業嗎？你打起精神好好寫作業吧！」

堅定：「抱歉，我不能讓你抄我的作業。首先，這對我不公平，因爲我花了很多時間寫這份作業。其次，如果被抓到抄襲，一點都不划算。」

先試試看

請閱讀以下句子，然後寫下你會如何以消極、積極與堅定的方式回應。

1. 你把自己最喜歡的一件上衣借給朋友，但她還給你的時候衣服上卻沾了汙漬。

消極：

積極：

堅定：

2. 你的朋友在半夜不斷傳訊息給你。你已經很累了，只想好好睡覺。

消極：

積極：

堅定：

3. 你借錢給朋友，但對方一直沒還錢。

消極：

積極：

堅定：

4. 你弟弟彈吉他彈得很大聲，讓你無法專心寫作業。

消極：

積極：

堅定：

5. 你正在看電影，坐在你後面的人卻不斷說話。

消極：

積極：

堅定：

6. 你在購物中心等朋友跟你會合等了超過一小時。

消極：

積極：

堅定：

進階練習

你是比較消極、積極還是堅定的人？請回答以下問題，了解自己哪些方面需要改進。

你是否會主動提出自己的意見，即使你的意見和其他人不同？	□是	□否
你不明白某件事時是否會提問？	□是	□否

你不想做某件事時，是否能拒絕對方而且不因此產生罪惡感？	□是	□否
其他人想占你便宜時，你是否會捍衛自己的權益？	□是	□否
你是否會面對難題而不逃避？	□是	□否
你是否能接受批評而不生氣？	□是	□否
你是否能表達自己的感受，並接納對方的感受？	□是	□否

如果你有三題以上的答案都是「否」，也許你應該回頭複習第17課至23課的練習，讓自己更妥善的表達感受，而非憑感覺行事或壓抑自己的感受。

請記住，你有權力表達自己對事物的感受。你有權力說不。你有權力說出眞相。你有權力表達不贊同。你有權力做自己！越練習堅定的表達技巧，就越容易加以運用。

【第四部】

了解怒氣所傳達的訊息

第25課 越生氣越要保持客觀

有時我們難免會反應過度，但如果這種情況時常發生則可能引發大問題。保持客觀是指知道自己正在小題大作，把情況想得比實際更糟。如果用客觀的角度看事情，就能著眼於大處，學會從容面對一切。

麥迪森的經驗談

今天可說是麥迪森有生以來最糟糕的一天。她完全忘了自己該交期中報告，更別說她還睡過頭以致上學遲到。她問自己：「今天到底什麼時候才能結束？」

終於放學鈴聲響起，她可以回家了。

麥迪森急忙拿起手機和背包衝出教室。走到半路她才發覺背包比平常輕了許多。她往背包裡一看，發現她的課本全都不見了！她急忙衝回教室查看自己是不是把東西忘在教室裡。但途中她看到朋友海莉和克蘿伊站在飲水機旁，露出惡作劇的表情。「怎麼了嗎？」海莉奸笑著把麥迪森的其中一本課本拿給她看。

「我現在沒這個心情開玩笑！」麥迪森大吼，把課本一把搶過來狠狠往地上一摔，然後彎下腰把東西塞進背包裡。這個聲響在走廊上大聲迴盪，所有人都默默圍過來看這齣即將上演的好戲。

海莉看著麥迪森搖搖頭說：「你幹麼啦？把你的書拿去。我們只是跟你開玩笑。昨天你把我的體育服藏起來不是覺得很好笑嗎？那時我也沒像你這麼小題大作啊！所以你可以開別人玩笑，但不能容忍別人開你玩笑是吧！」

海莉和克蘿伊說完便走人，留下被眾人圍觀而無言以對的麥迪森。

你是否也曾經像麥迪森一樣？想必一定有。通常這種情況都發生在你過得很不順心的時候，任何雞毛蒜皮的小事都可能讓你爆發。好消息是：只要保持客觀，你就能控制自己的行爲，不會小題大作。例如，麥迪森原本可以運用以下幾個方法讓自己保持客觀冷靜：

- **覺察自己的心情**。麥迪森知道自己心情很差，因爲她已經倒楣了一整天。在她知道朋友拿走她的東西之後，她原本可以冷靜的把東西要回來，而不是大吵大鬧。
- **從他人的角度看當下的情況**。麥迪森原本可以從海莉和克蘿伊的角度來看當時的情況。如果她這麼做，也許就能明白，她們只是開玩笑的報復麥迪森之前在體育課上的惡作劇，並沒有任何惡意。
- **說出自己的感受**。麥迪森可以直接告訴她的朋友自己一整天都過得很糟，讓她們明白今天不適合對她惡作劇，而不是讓自己出洋相。也許她們還會幫她一起把東西收拾好，讓她可以快點回家。
- 一**笑置之**。既然她的朋友只是在開玩笑，麥迪森大可以開玩笑回應，說一些像是：「好啦，很好笑，反正我也是活該，但現在我急著要回家。你們可以幫我把東西收進背包裡嗎？」

先試試看

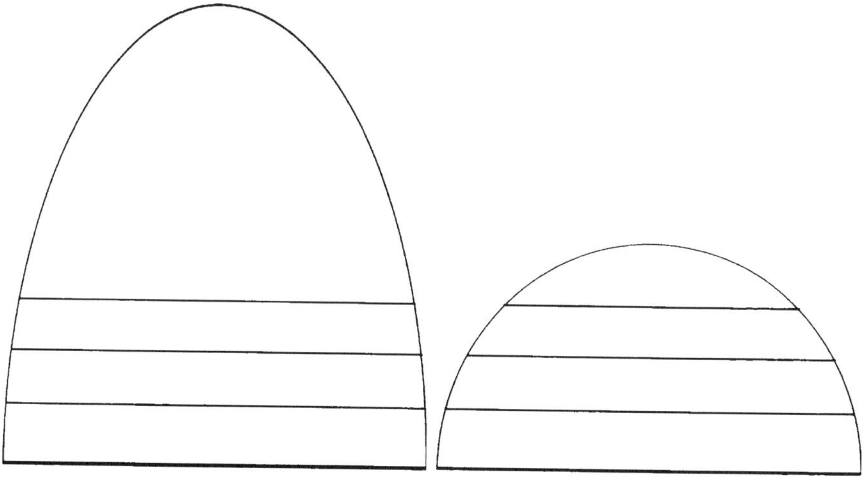

大作

請在這座高山中簡單描述自己對小問題大驚小怪的情況。

小題

請在這座小丘中列出自己保持客觀的方法。

進階練習

1. 覺察自己的想法與感受能如何避免自己過度反應、小題大作？

2. 如果你總是對各種情況過度反應，你認為這對你的人際關係會有什麼影響？

3. 你曾經因為過度反應而面臨哪些後果？例如是否曾因此失去朋友，或遭到學校停學？

4. 請說明保持客觀如何幫助你控制怒氣。

第26課 了解事實後再回應

「假定」就是認定某件事是真的，但不一定有證據可以證明。根據片面資訊所做的假定就像濕滑的斜坡，可能讓你深陷麻煩之中。因此在你做出反應之前，應該先直接了解事實。

艾瑪的經驗談

艾瑪眞的很喜歡學校的一位新生史凱勒。她把自己對史凱勒的感覺告訴她的朋友安潔兒後，安潔兒堅持要幫他們牽線。「不要！你一個字都不准說。我是說眞的，安潔兒！」艾瑪拜託她。經過一番說服，安潔兒終於讓步，答應艾瑪會替她保守這個小祕密。

當天午休，艾瑪急忙走進學生餐廳，希望能遇見史凱勒。她環顧餐廳，卻發現安潔兒和史凱勒坐在一起聊得正熱烈。

「喔，不！我不敢相信她居然這樣對我。」艾瑪朝他們那一桌走去，心裡想著安潔兒可能告訴史凱勒的各種事情。她每向前跨出一步，就覺得怒火升高了一點，腦中不斷思索等一下要對安潔兒說的話。最後，她走到桌前，質問這位她曾經信任如今卻背叛她的好友。

但艾瑪不知道的是，安潔兒根本沒有背叛她。

在這個例子裡，艾瑪之所以做出反應，是因爲她認爲安潔兒辜負了她的信任，把她的感覺告訴了史凱勒——她在沒有任何事實依據下，就根據這些想法採取了行動。我們很容易就做出錯誤的假定，並把這些假設當成眞相。你是否曾經假定自己了解某個情況，但事實上你根本毫不知情？如果你發現自己正在做假定，可以嘗試以下方法：

- **不要認定所有事情都跟自己有關而將情況個人化**。每次你發現自己認定你知道他人的想法、說法或做法時，請先確認事實後再採取行動。
- **不要把事情假定爲最壞的情況**。想想也許是你誤解了情況。試著從他人的角度來看事情，而不要執著於你「認爲」自己知道的事情。
- **不要妄下結論**。你認爲的事情也許並不是眞的。請發掘事實，因爲如果不這麼做，你可能會做出錯誤的結論。
- **做假設之前請先提問**。如果可以向本人求證，就不要擅做假設。也不要相信其他人告訴你的事，因爲他們可能是想惹事或看好戲。如果你想知道事實，就自己開口問吧。

先試試看

請幫助艾瑪釐清事實，修正她的反應。運用前文的建議改寫艾瑪的故事，讓她不必面臨失去好友的風險。

進階練習

1. 你是否曾經對某個情況做出錯誤假設？請說明當時的情況。

2. 說說看當你發現自己做錯時，有什麼感受。例如你是否覺得羞愧或丟臉？

3. 如果當時你先釐清所有事實才做出回應，結果會有何改變？

第27課
權衡選項後才下定論

> 有些人很擅長處理衝突，有些人則只會讓衝突加深。人們解決衝突的方式可分為好幾種，有些方式帶來的結果比其他方式好。

以下是人們在解決衝突時，最常見的幾種角色類型：

- **競爭者**。順我者昌，逆我者亡。不計代價，只一心求勝。你會怪罪和指責他人做錯了。你永遠是對的。你一定要取得最後的話語權，即使拚了命也在所不惜！
- **門墊**。你讓他人占你的便宜，很難拒絕別人，所以成了任人踩踏的門墊。你痛恨別人占你便宜，卻什麼也不說、什麼也不做，因爲你希望大家都喜歡你。

• **逃跑者**。只要遇到難題就逃跑。不論你有多生氣，你都會不計代價避免衝突。你會告訴自己，反正你對這個情況也不能做什麼。你很少替自己的問題找到解決方法，只會把問題掩蓋起來。更別說你有許多事情都擱置著沒有處理。

• **統一者**。當你與別人發生衝突時，會把注意力放在發生的事情上，而不是發動人身攻擊。你的目標是讓大家達成某種共識並解決衝突。即使你想不出解決方法，也會設法平和的表達同意或不同意，然後讓事情過去。

你認爲哪一種處理衝突的方式能得到最好的結果？如果你猜的是統一者，那你猜對了！統一者會試著了解所有事實，從不同的角度看事情，然後權衡自己的選項，最後才做出結論。

先試試看

1. 請閱讀以下的例子，判斷他們使用何種應付衝突的方式，並在空白線條處寫下答案。**（正確答案請見第164頁）**

凱蒂的數學一向不好。不管她再怎麼用功依舊搞不懂，但她爸爸就是不能理解。他老是埋怨她的成績。「凱蒂，這種成績沒有藉口。我已經受夠了，不想再接到數學老師打來的電話了。我期望你能做得更好。A以下的成績我都不能接受，懂嗎？」凱蒂眞希望自己能老實告訴爸爸，數學對她來說有多難，但她怕他會更生氣。「是，我會更用功的。」等到爸爸終於放人，凱蒂立刻衝回房間關上門，憤怒的眼淚順著她的臉頰滑落。「爲什麼他就是不明白我已經盡力了？」

麥特最好的朋友艾登這次眞的傷了他的心。麥特早在好幾個月前就告訴過艾登，自己眞的很喜歡珮登，艾登怎麼可以背著他約珮登出去？麥特很生氣，但他擔心如果對艾登埋怨這件事，便會失去自己最好的朋友。也許這件事不值得他埋怨。反正珮登和艾登說不定比較相配。

席妮發現媽媽偷看她的日記。「她怎麼可以這樣？」席妮做了個深呼吸，然後說：「媽，你怎麼在看我的日記？你難道不相信我嗎？如果你想知道什麼，儘管開口問我。」席妮和媽媽一起討論了隱私和信任。等到談話結束，席妮的媽媽

同意尊重她的空間，而席妮也同意會把自己生活中更多事情告訴媽媽。

葛蕾絲和萊莉爲了她們的週末計畫吵得不可開交。萊莉想邀學校新來的女同學加入她們，但葛蕾絲不喜歡那個女生，也不想看到她。萊莉覺得葛蕾絲是個高傲的臭丫頭，所以她決定去找那個新同學玩，而且沒找葛蕾絲一起去。那位新同學把她們一起出去玩的照片放上網，這件事最後被葛蕾絲知道了。葛蕾絲很生氣，傳了許多惡意簡訊塞爆萊莉的手機。葛蕾絲給萊莉下了最後通牒：如果要和她繼續當朋友，就不准和那個新同學做朋友！

---

2. 想想看你平常如何面對衝突。在你最可能採用的方式上方寫下1，然後繼續將其他方式標上2至4名的排序。

______ 競爭者

門墊 ____

逃跑者 ____

統一者 ____

3. 如果你使用其他不同方法面對衝突，請加以說明。

____

____

4. 詢問幾個很了解你的人，他們認為你最常用哪種方式應付衝突，然後將他們的答案寫下來。

____

____

進階練習

請選出你生氣時最常用來應付衝突的方式。寫下你使用這種方式的經過，然後用統一者方式來改寫你的故事。

應付衝突的方式：

情境：

用統一者方式改寫你的故事：

「先試試看」答案

1. 逃跑者
2. 門墊
3. 統一者
4. 競爭者

第28課 用正向方法處理憤怒

你可以用憤怒改善或破壞自己的人生。你要讓憤怒破壞你的感情、健康和名聲，進而毀掉你的人生，還是要以正當、正向且具建設性的方式，用你的怒氣改善自己的人生？憤怒並不一定是破壞性的，也可能具有建設性，一切取決於你。

璜的經驗談

璜這次眞的出手了。他正專心玩他的電玩，眼看就要創下最高分紀錄，但五歲大的弟弟此時卻拿著玩具飛機衝進房裡，結果腳絆到電線，把插頭給拔掉了。璜驚訝的張大嘴看著螢幕變成一片黑，遊戲主機的電源也瞬時關閉。這引爆了他的怒火！璜拿起遊戲主機砸向弟弟，打中了他的腿，弟弟開始嚎啕大哭。璜聽到母親朝房間走來的腳步聲，但他心想：「那是弟弟活該，誰叫他妨礙我打電玩！」

等到媽媽確認弟弟沒事之後，她便禁止璜打電玩。「璜，生氣是一回事，因爲生氣而打人又是一回事。你有可能眞的打傷你弟弟。」璜看向弟弟，發現他的腿上紅了一塊。他覺得很內疚，心想：「如果我關上房門，就不會發生這種事了。我應該先走出房間冷靜一下，而不是馬上發洩怒氣。我有可能爲了一個愚蠢的電玩而害弟弟受重傷，這太不值得了。」

璜已經開始思考自己原本可以用哪些正向的方式處理這個情況，只不過以這件事而言，已經太遲了，傷害已然造成。但和璜不同，你不必等到自己做出破壞性的舉動，才反省自己原本應該如何處理這個情況。

先試試看

請閱讀下列各個破壞性的發怒情境，並回答以下問題。

艾許莉需要提高她的自然科成績。她在生物課堂上做筆記時，狄倫卻不斷朝她扔小紙團。她心想：「煩死了，他再扔一次我就要發脾氣了！」他們的老師繼續講解光合作用的過程，此時狄倫又朝艾許莉扔了一個小紙團。艾許莉轉頭過去直接對著狄倫的臉大吼起來。結果她因爲擾亂上課秩序而被叫去校長室。

1. 請寫下艾許莉的負面行為可能造成哪些後果。

2. 艾許莉要如何以正向的方式處理她的怒氣，避免在上課中與人起衝突？

杭特六個月前才拿到駕照，但已經有兩次違反交通規則的紀錄了。就在他要變換車道時，另一位駕駛突然把車開到他前面，杭特差點就從後方追撞那輛車。他心想：「我一定要超過這個渾蛋！」於是他踩下油門，繞過那輛車，將時速衝到將近一百公里，但這個地區的速限是七十公里。杭特還來不及減速，警車的燈已經在他後方亮起。

1. 杭特的負面行為可能造成哪些後果？

2. 杭特可以如何以正向的方式處理這個情況？

進階練習

1. 請舉出自己曾經以負面方式處理怒氣的實例。

2. 你的破壞性怒氣造成了什麼後果？

3. 明白正確處理怒氣的方式後，你當初應該如何以較正向的方法處理當時的情況？

第29課 為自己的行為負責

事情出錯時，怪罪他人比承認問題出在自己來得容易。但責怪他人並不能解決衝突，只會讓衝突加深。在指責他人之前，請先問自己：「我對於這件事該負什麼責任？」一旦學會為自己的行為負責，就比較不會將過錯推到他人身上。

盧卡斯知道帶手機到學校違反了校規，但他就是忍不住想炫耀自己最新款的手機。上英文課時，艾瑞克要看盧卡斯的手機。盧卡斯從口袋掏出手機向後遞給艾瑞克。就在艾瑞克看手機時，他們的老師走上前來沒收了手機。老師告訴盧卡斯，必須家長來學校才能把手機領回。他也要盧卡斯放學後留校，作爲違反校規的處罰。盧卡斯很氣艾瑞克。如果不是艾瑞克要看他的手機，根本不會發生這些事情！

你是否曾經遇過這種情況？很顯然盧卡斯的手機被沒收還有他被處罰留校，並非都是艾瑞克的錯，只不過人在生氣時很容易把問題怪到他人身上。如果盧卡斯能退一步想，明白自己的行爲才是造成這種結局的原因，也許他就會承擔起一些責任。

艾比很討厭幫忙照顧妹妹凱拉。凱拉老是到處搗亂，只要有她在身邊，艾比就什麼事也做不了。這一天，艾比應該在爸媽出門時照顧凱拉。但在艾比和朋友講電話時，凱拉拿了媽媽的一支紅色口紅，當起畢卡索在客廳牆上作畫。等到爸媽回家，他們非常生艾比的氣。因爲她不負責任，所以他們罰她禁足一個月。艾比心想：「眞不公平！又不是我畫的！」

你是否曾經認爲自己受到不公平的對待？如果艾比能看清楚事情全貌，也許就會知道自己的行爲是造成這個後果的原因之一。她也不會覺得自己是爲了妹妹做的事情受罰，而會明白也許自己照顧妹妹時的疏忽才是導致她受罰的原因。

先試試看

請幫助盧卡斯與艾比退一步想想，了解他們才是造成當下情況的原因。

1. 盧卡斯對這個問題有什麼責任？

2. 盧卡斯應該如何對自己的行為負責？

3. 艾比對這個問題有什麼責任？

4. 她應該如何為自己的行為負起責任？

進階練習

1. 就像前文提到的例子，是否有人曾經將自己的責任推卸給你，並為了你沒有做的事情而指責你？請說明當時的情況。

2. 請簡單說明你將自己的責任推卸給他人，並將自己造成的問題怪罪到他人身上的情況。

3. 你認為怪罪他人為何比接受責任容易？

第30課 與憤怒拉開距離

有個祕密小工具可以讓你遠離憤怒，稱為「拉開距離」。拉開距離意思是讓自己離開令人不悅的情況，遠離問題。有些人認為拉開距離就是以「世界之外的角度」來解決問題。

你是否曾看過從外太空拍攝的地球照片？從外太空看來，這個地球是這麼小且易於掌控。從這個角度來看，你可以一眼看到所有的海洋和大陸。但生活在地球上，世界似乎是廣大又遼闊，需要花上數小時或數天才能從某個大陸到另一個大陸。有時生活中的衝突和問題似乎讓人難以負荷，但你可以透過拉開自己與問題的距離，讓這些問題變得可以掌控。拉開距離就是將自己抽離當下的情境，採取世界之外的角度而非從當局者的角度來看事情。

先試試看

1. 藉由練習拉開距離，你可以將自己的問題帶去另一個完全不同的星系。首先，想想最近讓你發怒或不高興的情況，也許是某個人惹到了你，或是你覺得自己受到不公平的對待。請回想當時的情況並簡單說明。

現在將自己抽離那個令人煩惱的情境，想像自己被輕輕地拉到外太空，從太空往下看地球。從這個角度來看事情，便可以用不同的眼光看地球。你在地球上只能看到自己眼前的東西，卻沒能看到這個星球眞正的全貌。你知道你也能用類似的角度看待自己生活中的事情嗎？現在試試看回想過去遇到的某個情況，想像自己從那個情境抽離，從另一個角度來看這件事。例如：

- 假裝這是別人遇到的情況。你會針對這個情況給這個人什麼建議？
- 將自己的情緒從這個情況抽離，讓自己成爲一個中立的旁觀者。如果不帶情緒來看這件事，你會不會有不同的看法？

- 先從結果開始思考。你希望這件事會有什麼結果？是否有辦法能在不生氣的情況下達成目標？

2. 請說明你可以採取哪些方法讓自己跳脫情境。

3. 請說明拉開距離來看事情，如何有助於你應付棘手的情況。

進階練習

雪景球是一個理想的視覺提醒，讓你記得從世界之外的角度來看事情。雪景球內有各種風景，像是冬季仙境等。在這個風景中，你也許會看到村莊或花式溜冰選手在結冰的池塘上溜冰等細節，彷彿你正看著另一個世界，而且是用新的眼光來看待。雪景球是讓你想像自己抽離問題，用不同角度探索情況的好方法。請做一個雪景球來提醒自己要記得與問題拉開距離。

製作雪景球的材料

- **罐子或瓶子**：任何有蓋的透明玻璃罐都可以，像是果醬罐或耐用的水瓶。請確保蓋子不會漏水。
- **亮粉**：選擇自己最喜歡的顏色。
- **你想放進雪景球裡的小雕像或其他任何物品**：如果是小雕像，請用超級強力膠黏在瓶蓋內。請勿使用任何金屬物品，以免生鏽。
- **超級強力膠**（非必要）：如果想把物品固定在瓶蓋內側，則需要使用這種黏膠。

- **甘油**：請務必使用甘油，因為在你搖晃雪景球時，甘油可以讓亮粉飄浮起來。在藥局或大賣場都可以找到這項商品。

做法

在罐內裝九分滿的水，加入一些亮粉和幾滴甘油（小心不要加太多，否則亮粉會浮不起來）。如果想在雪景球內放小雕像，請用超級強力膠將小雕像黏在蓋子內側並等黏膠乾。等到小雕像固定之後，將蓋子蓋回容器並轉緊，輕輕搖晃罐子，讓雪景球提醒你，有時拉開自己與眼前情境的距離，有助於你更明確地看清事情。

第31課 化憤怒為改變的動力

雖然憤怒總是給人不好的印象，但憤怒其實可以成為十分有用的情緒。發怒是捍衛自己和他人權利的一種方式。例如，如果馬丁・路德・金恩沒有利用他的憤怒來爭取改變，就不會有民權運動。

奈森的經驗談

奈森走進廁所，看到馬克正在欺負一個年紀比較小的男孩。馬克早就因爲喜歡霸凌別人而惡名昭彰。奈森原本打算無視眼前的情況，但後來馬克將那個男孩推倒在地。奈森再也忍不住了。「不要再欺負他了！」他大喊。奈森從馬克身邊經過，伸手將男孩拉起來。

「你少管閒事！」馬克回答。

奈森咬牙切齒地說：「這件事就是我的事。」

馬克發現奈森不打算放棄，只好離開，但他離開前仍用手肘頂了奈森一下，嘴裡喃喃說著：「這件事還沒完。」

奈森覺得血脈賁張，只想去追打馬克，但他不想降低自己的水準。不，他要用自己的方法擊敗馬克。

隔天，奈森去見校長討論校園霸凌問題。他提到自己十分生氣，因爲學校裡發生了這種事卻沒人出面制止。奈森建議由學生發起一個全校的活動，讓學生起而對抗霸凌。校長覺得這個主意很棒，詢問奈森是否願意帶頭發起這個活動。「奈森，我眞的以你爲傲，因爲你把自己的怒氣用在正向的地方，並因此讓校園更安全。希望有更多學生能把他們的憤怒當成動力，做正向的改變！」

下次你生氣時，請用你的怒氣帶來正向的結果。以下幾個方法可以幫助你開始：

- 探討這個情境的哪些方面讓你生氣。例如，是否因爲有人做錯事，或如前述例子，因爲其他人受到不公平的對待？
- 想想自己希望改變這個情境的哪些地方。例如，你是否想改變某項規則或政策，抑或你想提醒大家重視某個問題？
- 請想出正向的方法，善用自己的怒氣。例如，你能否策畫一場和平的抗議行動，或創立一個社團，提醒大家重視這個問題？

先試試看

請回想自己過去曾將憤怒轉化爲正向結果的情況，也許是在艱難的情況下爲某個人挺身而出，或是抗議不公的事情。

1. 請說明當時的情況。

2. 這個情況中有哪些地方讓你感到生氣？

3. 你如何正向運用自己的憤怒？

進階練習

當人們將怒氣用於捍衛自己和他人的權利時，他們的怒氣就會成爲動力，產生正向的結果。歷史上有許多人都以正向的方式宣洩自己的怒氣，進而改變了世界。以下列舉幾個實例：

- 馬丁・路德・金恩博士發起了民權運動。
- 羅莎・帕克斯爭取平等，後人稱她爲「現代民權運動之母」。
- 納爾遜・曼德拉致力於廢除種族隔離制度。
- 坎蒂・萊特娜創立了「反酒駕媽媽」（Mothers Against Drunk Driving, MADD）組織。
- 唐娜・諾里斯促成了兒童失蹤或綁架預警系統「安珀警報」（AMBER Alert）的實施。
- 馬拉拉・優素福扎伊提倡女性受教育權，並於十七歲時成爲史上最年輕的諾貝爾和平獎得主。

請研究上述任一位人物，或選擇其他以正向方式抒發不公平感的人物或組織，並說明他們的憤怒如何促成正向的改變。

【第五部】

降低憤怒強度的方法

第32課 忠於自己的價值觀

價值觀能夠為你的生活帶來意義與目標。忠於自己的價值觀有助於你對自己的生活感到更快樂，也更滿足。幸福就是真誠地面對自己，過著符合自己信念與價值觀的生活。而現在，那就是最重要的事。

價值觀會爲你的生活帶來意義與方向，幫助你決定在這世上你想要什麼樣的互動與行爲方式。在某種意義上，價值觀就像你內心的指南針，引導你成爲你想成爲的人。價值觀與目標不同，因爲目標可以達成，但價值觀卻是原則、特色、以及賦予生活目的的行動。生活猶如一趟旅程，請依你所珍視的價值來過生活，如此，你眞誠面對自己的每個時刻都會是有意義的。

以下是普世價值的一些例子：

- 接納：對自己與他人抱持接受和開放的態度。
- 勇敢：願意冒險和嘗試新的體驗。
- 靈活：能夠順其自然，不讓事情輕易干擾自己。
- 獨立：自立自強，不過度依賴他人。
- 和善：友好體貼。
- 耐心：能夠容忍和接納。
- 力量：擔任領導者，感覺能夠掌控狀況。
- 真誠：坦率誠懇。

先試試看

你擁有什麼樣的價值觀？你又努力想成為什麼樣的人？將你的手描摹在方框中，然後在每根指頭上寫下你珍視的一項價值，在手掌部位寫下「憤怒」這兩個字。憤怒與價值會彼此牴觸。在「憤怒」二字下方，寫下你的憤怒如何造成負面影響，使你無法過著符合你的價值觀的生活。

進階練習

再次將你的手描摹在方框中。如同前項練習，將你珍視的價值寫在每根指頭上。這次在你的手掌部位寫下「平靜」這兩個字。在「平靜」二字下方，填入有什麼方法可以使你更進一步實現自己所珍視的價值。換句話說，就是寫下你需要怎麼做才能依據最重要的事來過自己的生活。

第33課　三種放鬆的技巧

知道如何放鬆是控制怒氣很重要的一項步驟。憤怒會製造緊張和壓力，進而可能使你身心俱疲。練習放鬆的技巧能夠在生活中壓力最大的時刻，幫助你恢復活力和放鬆心情。

放鬆的時候會比較容易控制怒氣。如深呼吸、漸進式肌肉放鬆法和集中精神等放鬆技巧，都是讓翻騰的思緒平靜下來的好方法。以下是這三種技巧的說明。

- **深呼吸**。只要吸一口氣就能讓人放鬆。當你處於壓力之下，你的呼吸會不自覺開始變得短淺，吸進的空氣會停在胸口，無法一路到達你的腹部。深呼吸又稱爲腹式呼吸，也就是吸入滿滿的一口氣，讓你的腹部都充滿空氣。試試看緩慢地深吸一口氣，讓空氣一路到達你的腹部。你應該會感覺到自己的胃部開始鼓起。等到腹部充滿空氣就開始慢慢吐氣，將所有氣體排出腹部。你應該一天數次刻意做深呼吸練習。

• **漸進式肌肉放鬆法**。你可以利用這項簡單的技巧將怒氣立刻排出身體。找個安靜的地方採取舒服的姿勢。從你的腳趾開始，慢慢一路往上繃緊你的整個身體直到頭頂，包括你的手和手臂。維持這種緊繃狀態一會兒。緩慢平穩地深吸一口氣。現在，慢慢吐氣，讓你的肌肉放鬆，從你的頭部開始一路延伸至你的腳趾。最後，再次緩慢平穩地做一次深呼吸。必要時可以多做幾次上述的步驟讓自己放鬆。當你做完這項練習，你應該會感覺身體猶如布娃娃一般柔軟。任何時候只要你覺得自己變得沮喪，都可以運用這項技巧。

• **集中精神**。集中精神意指藉由注意此時此刻在你周遭的情況，來提升你的警覺性，同時讓自己平靜下來。想要嘗試這項練習，請先拿瓶汽水，並將汽水倒進一個透明的玻璃杯裡。將注意力集中在玻璃杯中往上浮的氣泡上。有些氣泡移動緩慢，有些移動快速，而有些則只是浮在表面。將生活中的雜音阻擋在外，只專注在這些氣泡上。注意每顆氣泡的大小差異、玻璃杯裡的嘶嘶聲響，以及杯中氣泡如何快速或緩慢地向上浮起。在當下集中精神，是在精神上暫時擺脫任何讓你惱怒的事物的好方法，同時有助於平撫沖天的怒氣。因此，在你情緒失控之前，請花點時間讓自己專注於當下。

先試試看

嘗試各項放鬆技巧，然後將你在進行嘗試之前與之後的感受進行比較和對比。

1. 深呼吸：

之前：

之後：

2. 漸進式肌肉放鬆法：

之前：

之後：

3. 集中精神：

之前：

之後：

進階練習

在以下四張卡片內各填入一項下次當你情緒激動時可以運用的放鬆技巧。想要放鬆有成千上萬種方法，因此請填入前文提供的技巧以外的不同方法，如此一來，萬一你需要平靜和冷靜下來時，才會有許多方法可供選擇。

在每張卡片上先寫出技巧的名稱，接著說明應如何進行。如果你想要學習更多放鬆的方法，可以在網路上搜尋如「放鬆技巧」、「正念」和「冥想」等字詞，也可以將放鬆／正念相關的應用程式下載到你的裝置上，幫助你學習更多這類技巧。

放鬆技巧 1

放鬆技巧 2

放鬆技巧 3

放鬆技巧 4

第34課 營造一處心靈避難所

煩惱時有個特殊的避難所可去，可以幫助你放鬆並釐清思緒。即使你無法在現實生活中實際造訪那個地方，只要讓你的心靈遊蕩到那裡，就能帶給你某種平靜的感覺。

常有人將心像形容爲「用心眼來觀看」，這種能力讓人可以想像某個地方，然後創造出某種身臨其境的虛幻體驗。在遇到煩心的情況時可以運用心像，讓你暫時跳脫問題，釐清你的思緒，進而重新找到重點。當你發怒時，很容易就會被困在憤怒的思維中，但如果你可以暫時從中跳脫，你可能會發現自己能夠重新引導那些思緒，將其轉化爲比較正向且有成效的結果。

要達到這個目的，有一個方法是利用心像進行正念跳脫。正念跳脫就是想像某個特殊的地方，並且讓你的心靈遊蕩到那裡。這個特殊的地方應該是某個能夠帶給你平靜和安寧的所在。因此，不論你是逃向你的臥室，還是前往位在祕魯的馬丘比丘，你的跳脫都能帶給你一段亟需的假期，讓你暫時擺脫你的問題。

先試試看

1. 想像你坐著熱氣球，讓熱氣球帶你前往你的特殊避難所。在下頁的熱氣球上，說明你的熱氣球要帶你去哪裡。

2. 等你抵達自己的特殊避難所後，利用你的所有感知密切注意周遭環境。在熱氣球的吊籃上，寫下你對以下問題的答案：

- 你會聽見哪些聲音？例如，海浪拍打在岸上的聲音？
- 你會看見什麼？例如，棕櫚樹的枝葉在空中搖曳？
- 你會聞到什麼氣味？例如，草地上的野花香？
- 你是否會品嘗到任何東西？例如，融化在你的舌頭上的雪花？
- 你是否會碰觸到任何特殊的東西？例如，從樹枝上垂落的冰柱？

聽：
看：
聞：
嘗：
感受：

進階練習

創作一幅圖畫，描繪出你的心靈避難所。你可以發揮創意將你的避難所畫出來、用照片製作拼貼畫、或是尋找網路上的圖片。將你的創作截圖下來，存成螢幕保護圖片，或是將你的創作保存在某個你可以時常看到的特殊位置。只要需要跳脫眼前問題的時候，就提醒自己進行正念跳脫！

第35課 以象徵的方式釋放憤怒

「象徵」是抽象的心理表達方式，為我們的生活賦予深刻的意義。象徵能夠透過運用言語、影像或有形的物品來賦予意義，在有需要時帶給我們撫慰，或幫助我們理解生活。象徵可能是具有文化意義並代代相傳的物品，也可能在當下被創造出來，以協助我們應對或擺脫無益的思緒或行為。

從古至今，象徵都被用來幫助人們理解自己的情緒體驗。例如，美國原住民奧吉布瓦族（Ojibwa Nation）的父母會將捕夢網掛在孩子的床鋪上方，用意是在孩子做惡夢以前先將惡夢給困住。爲防你不知道，捕夢網是一個小框中間有一張用細繩或馬毛織成的網，框上有珠子和羽毛作爲裝飾。過去的人們認爲，捕夢網能夠用中央的那張網將惡夢困於其中，讓好夢得以順著框上的羽毛滑下，落到沉睡中的孩子身上。接著到了早上，陽光會將惡夢燒毀，讓它們永遠不再出現。

另一個象徵意象的例子是香港林村的許願樹。在過去，村民會將他們的願望寫在小紙捲上，然後將紙捲綁到樹枝上或是丟高到樹上。許願紙卡住的地方越高，願望實現的機會就越大。不過如果紙捲脫落，就純粹是運氣不好。如今爲了保護許願樹，人們會將承載他們願望的紙片綁在附近的木架或假樹上，將這項傳統延續下去。

許願樹或捕夢網並不會實際幫人實現願望或解決問題，但它們是很棒的象徵，表示你無須執著於眼前的困難，還有你可以象徵性地選擇讓自己脫離這些困難。

你可以發揮創意，設法以象徵的方式釋放自身的憤怒。以下是兩個例子：

- 寫封信給讓你生氣的某個人，告訴那個人你眞正的想法，接著將信紙撕成碎片。每撕一次，就想像你的一部分怒氣也隨之而去。
- 外出慢跑或走路，腳步重重地踩在道路或小徑上，藉此發洩你的憤怒。每次你的腳落在地上，便專注於釋放出你的一部分怒氣，直到你感覺自己的憤怒消退爲止。一旦你覺得比較放鬆了，轉身看向你沿途經過的地面。在你回家的路上，想像自己將所有的憤怒都抛在腦後。

先試試看

這項在室內進行的活動，能夠幫助你練習如何運用象徵的方式來發洩怒氣。要進行這項活動，你會需要一顆氣球、幾張小紙條和用來寫字的筆。

首先，在每張紙條上寫下一個你尚未釋懷的憤怒念頭。再來，將每張紙條緊緊地捲起來，放進氣球裡。接著，慢慢將空氣吹進氣球中，在此同時，專注想著你放進氣球裡的每個念頭。在你將氣球吹到最大以後，緊捏住氣球的吹口，想像氣球裡充滿了你的憤怒。緩緩做兩次深呼吸，然後放開你的憤怒（氣球）。隨著氣球飛過房間，讓累積的怒氣也隨之而去。

1. 釋放怒氣後，你的身體有什麼感覺？

2. 心情方面有什麼感覺？

進階練習

1. 描述另一項有創意的方法，你可以透過這項方法象徵性地釋放積壓的情緒。

2. 現在試試看這個方法。寫下你嘗試之後的感覺。

第36課 為憤怒尋找出口

生氣時必須要有可以做的活動來幫助自己冷靜下來，將那股負面能量釋放掉一部分。這些可以做的活動就叫做「出口」，因為它們可以讓你適當地抒發憤怒，消除怒氣。

伊森的經驗談

伊森的弟弟萊恩是個討厭鬼。如果伊森在看電視，萊恩就想要轉台。如果伊森在講電話，萊恩就會過來打斷。如果伊森待在自己的房間，萊恩就會溜進來煩他。伊森經常希望萊恩能夠離他遠一點！

有天晚上在吃晚餐時，伊森正要拿起籃子裡的最後一個麵包捲，萊恩便伸手過來抓住了那個麵包捲，同時對伊森露出了一個惡作劇的笑容。眞是夠了！伊森拿起自己的水杯朝著弟弟的臉扔過去。伊森的行爲讓他的母親非常生氣，她因此要求他回到自己的房間去。伊森在離開餐桌時大吼：「永遠都是我的錯，他從來不會因爲任何事情惹上麻煩，就因爲他是『小的』！」

過了一會兒，伊森的母親來到他的房間，對他說道：「伊森，我知道萊恩也許很煩人，但你處理憤怒的方式令人無法接受。你必須學習更好的方法來釋放那些怒氣，而不是把怒氣發洩在其他人身上。我們來一起想想有哪些方法可以讓你擺脫萊恩，同時又能消除你的挫折感。」

伊森和母親一起想出了一系列發洩怒氣的方法：

- 帶狗去散步來擺脫萊恩的糾纏
- 把自己關在房間裡聽音樂
- 看有沒有朋友想要去騎腳踏車或者過來玩

- 去車庫打沙包
- 彈吉他
- 去做模型飛機

下次當伊森發現自己在生萊恩的氣時，他只要拿出他的憤怒發洩方法清單，找到符合他的心情的方法就好。他發現跳脫當下的情境要比待在其中受折磨來得好。此外，等到他回來時，弟弟已經忘記要惹怒他，而家裡也變得安靜多了。

先試試看

在不同的地方，你可能會有不同的憤怒出口，譬如你在家裡會採取的方法可能不同於在學校會使用的方法。請考慮並找出在以下各個地點可以使用的憤怒發洩方法。

1. 如果在家裡？

2. 如果在學校？

3. 如果在公共場合？

進階練習

利用舊的報章雜誌或網路上的圖片，實際或在電腦上創作一幅拼貼畫。你可以剪下讓你聯想到自己的憤怒出口的圖片，然後將它們貼在一張紙或紙板上，或是將這些圖片複製貼上到一份文件裡。例如，如果游泳是你的憤怒出口，那麼你可以加上一張某人在游泳或是游泳池的圖片。

將你的憤怒出口拼貼畫保存在容易看到的地方，像是你的手機圖庫、加框掛在你的衣櫥上、或是掛在牆上。下次當你需要一個憤怒出口時，可以查看你的清單，找出其中最符合你的心情的做法並加以運用。

第37課 運動與憤怒的關係

運動是消除和減少壓力的好方法。憤怒是一種強烈的情緒，會產生許多能量。要消除這些能量，最好的方法之一就是實行健康的運動方案。

規律運動可以幫助你調適憤怒等強烈的情緒。運動有助於強健身體，維持身體健康，也有助於消除挫折感，讓你將情況考慮得更清楚，進而保持心理健康。基本原則是每天需活動六十分鐘，可惜的是，許多人的運動量並不夠。

若每天有足夠的運動，你便能獲得以下好處：

- 控制體重

- 增進活力
- 讓情緒更穩定
- 晚上睡得更好
- 釋放積壓的情緒
- 讓心情變好
- 提升自尊

有這些好處，你還有什麼好遲疑的呢？運動無須過度，你也可以只是進行某項簡單的運動就好。重點是要讓自己動起來！

先試試看

瀏覽以下的運動清單，把易於排進你行程裡的運動圈起來。如果沒看到自己喜歡的選項，就把你喜歡的運動寫在空白線條上。盡可能標出數種運動，因為有多樣的運動可供選擇是件好事。

- 有氧運動
- 籃球
- 循環訓練
- 綜合體能訓練
- 騎腳踏車
- 跳舞
- 騎越野摩托車
- 美式足球
- 飛盤
- 體操
- 健行
- 踢拳道（自由搏擊）
- 滑長板
- 武術
- 跑酷
- 攀岩
- 直排輪曲棍球
- 溜直排輪
- 划船
- 橄欖球
- 跑步
- 滑滑板
- 足球
- 游泳
- 網球
- 排球
- 走路
- 舉重
- 摔角
- 瑜伽
- ______
- ______
- ______

進階練習

計畫下個禮拜的某一天至少要運動六十分鐘。有些天會比其他天更忙碌，因此如果在那些日子裡，你需要將運動時間分成兩個三十分鐘也沒關係。重點是你要將某項運動融入生活中。請寫下你的計畫並努力達成。可以影印空白「我的鍛鍊計畫表」，或上 http://www.newharbinger.com/42457 下載，抑或在電子裝置上建立自己的日記。記得留意每天做一點運動如何能夠實際改變你的感受。

我的鍛鍊計畫表

日期	鍛鍊時間	我做了什麼運動	之後我有什麼感覺
星期一			
星期二			
星期三			
星期四			
星期五			
星期六			
星期日			

第38課　透過藝術表達憤怒

以藝術形式表達憤怒，可能有助於你平復自己的怒氣。當你透過藝術來表現自己，便能用有創意的方式揭露內心深處一部分的自我，進而創造出傑作。

透過藝術形式表達憤怒之類的情緒並不是新的概念。藝術家一直透過他們的藝術作品傳達憤怒的情緒，包括音樂、詩歌、素描和繪畫等。憤怒的能量能夠創造激情，而激情是一種強大又難以抗拒的感覺，渴望被人訴說。藝術即是一種很棒的創意方式，可用來釋放內心的自我。

藝術有許多種形式，例如：

- 作曲
- 烹飪
- 拍片
- 素描
- 繪畫
- 攝影
- 陶藝
- 寫歌
- 木工
- 寫作
- 其他：＿＿＿＿＿＿
- 其他：＿＿＿＿＿＿
- 其他：＿＿＿＿＿＿

先試試看

你會採取哪種藝術表達方式？請透過以下測驗發掘你的創意天分吧！閱讀並回答每個問題。透過這些問題，你可能會發現自己擁有不只一種藝術天賦。

1. 如果你可以成為任何類型的藝術家，你想成為哪一種？例如，你想成為畫家、舞者、演員、點心師傅、音樂家、還是作家？

2. 你是否喜歡透過音樂表現自我？如果答案是肯定的，你最近創作、編寫、彈奏或唱過哪些樂曲？

3. 你是否喜歡用雙手打造或製作東西？如果答案是肯定的，你最近的作品是什麼？

4. 你是否樂於在廚房製作餐點？如果答案是肯定的，你最近做了什麼主菜或甜點？

5. 你喜歡跳舞嗎？如果答案是肯定的，你最喜歡哪種風格的舞蹈？

6. 你喜歡演戲嗎？如果答案是肯定的，你最近演過什麼角色？抑或你一直想扮演哪個角色？

7. 你喜歡寫作嗎？如果答案是肯定的，你最近的作品名稱是什麼？

8. 你是否喜歡拍電影或製作影片？如果答案是肯定的，你最近拍攝了什麼鉅片？

9. 你是否喜歡拍攝人物、地方或物品的相片？如果答案是肯定的，從你特別喜歡的相片中選擇一張加以描述。

10. 上述這些問題是否遺漏了你的藝術天賦？如果答案是肯定的，請說明你的天賦。

11. 檢視你標出的這些天賦，你有多常運用它們？

- □ 每週
- □ 每個月四到六次
- □ 每個月兩、三次
- □ 每個月一次
- □ 每個月不到一次

12. 你是否想把更多時間用在這些活動上？如果答案是肯定的，是什麼原因讓你無法更常進行這些活動？

13. 說明你可以怎麼利用你標出的這些活動來幫助你面對憤怒。

進階練習

請確定你可以用哪兩種有創意的藝術方式來表達你的情緒。列出你要完成活動所需的物品。確認家裡已經有的各項物品，其餘的物品則寫在以下的清單上，提醒自己下次去商店或賣場時記得購買。將這些東西一併保存在某個方便取用的地方，這麼一來，下次當你需要釋放怒氣時，就可以用有創意的方式，透過藝術來達到這個目的。

活動名稱：＿＿＿＿＿＿＿＿

補給清單：＿＿＿＿＿＿＿＿

＿＿＿＿＿＿＿＿

＿＿＿＿＿＿＿＿

＿＿＿＿＿＿＿＿

活動名稱：＿＿＿＿＿＿＿＿

補給清單：＿＿＿＿＿＿＿＿

＿＿＿＿＿＿＿＿

＿＿＿＿＿＿＿＿

＿＿＿＿＿＿＿＿

第39課 用幽默緩和怒氣

如果你想要緩和某個情緒激動的情況，可以在這片混亂中添加一點幽默的元素。幽默是消除怒氣的好方法。幽默不僅能夠讓爆發中的脾氣冷靜下來，急智與大笑也有益健康。

什麼都比不上一場大笑！笑可以減壓，並且促進腦內啡分泌，這種荷爾蒙會讓你感到快樂。想一想：你最後一次又氣又笑是什麼時候？笑與怒就像油和水一樣互不相溶。當你感到快樂，就不容易生氣，這是因爲這兩種情緒位於光譜的兩端。

你可以用對自己有利的方式來運用幽默，將一點笑聲加進緊張的局面中。對於使你發怒的情況，如果你試著從幽默的角度來解讀，可能會產生不同的結果。如果你回想某些你最憤怒的時刻，你可能會發現自己當時說的某些話或是做的某些事其實相當好笑。與其等到事後再來發現這些時刻，要是在當下就能夠發揮幽默感，會發生什麼事呢？其實如果你有覺知地想這麼做，就能做到。所以下次你生氣時，請先停下來問自己：「我能怎麼以幽默的方式面對這種情況呢？」

先試試看

查斯的父親已經提醒他去倒垃圾兩次了。查斯知道自己得把垃圾拿出去，但是他正在打電玩，並不想中斷遊戲。在父親第三次提醒他時，查斯甩下手中的控制器，衝進廚房。他一路氣沖沖地猛扯著垃圾袋往外走，結果因用力過猛導致垃圾袋爆開，垃圾散落在廚房地板上。更糟糕的是，查斯還因爲踩到了當天晚餐的剩菜而滑了一跤！他的父親走進廚房看這一切喧鬧究竟是怎麼一回事時，發現查斯躺在地板上，四周全是垃圾。

1. 請幫這個故事寫個結尾，說明如果查斯繼續跟他的父親發脾氣，可能會出現什麼情形。

進階練習

1. 回想自己曾對某個情境發怒的情況，並描述當時的情形以及你的行為。

2. 接下來請再寫個結局，描述如果查斯和他的父親以笑和幽默來面對眼前情況，又可能發生什麼事。

2. 想像在當時的情境下你能夠以笑和幽默來面對，接著改寫你的經歷，說明結果可能有哪些不同。

第40課 將感受訴諸文字

表達自己的感受是調適這些感覺很重要的一步，而隨寫是釋放內心自我的好方法。隨寫的重點在於不受拘束，想寫什麼就寫什麼，無須在意文法、錯字、標點符號或字跡是否工整。

想知道克服生活難題的小祕訣嗎？就是把它們寫下來。當你在寫作時，你的頭腦具有創造力的那一邊（右腦），會開始連結掌管邏輯分析的那一邊（左腦）。想像你在拼拼圖：你的左腦幫助你想出整理計畫，進而著手拼合碎片，而右腦則幫助你想像各種顏色及這些顏色如何構成整幅拼圖。你需要左右腦同時相互合作才能將拼圖拼好，面對生活時也是如此。

透過寫作這個方法，能夠整理你的思緒和感受，並想出策略來解決你的問題。如果你從未嘗試過隨寫，寫封信給自己是開始的好方法。雖然這聽起來可能有點蠢，但是寫信給自己，能夠讓你從不同角度，以有創意的方式來看待眼前的情況。還要記得，沒有人在幫你的作品打分數，因此請盡情隨意發揮吧！

先試試看

寫封信給自己，內容包括什麼事讓你不開心、失望或想要改變。談談為什麼憤怒對你來說是個問題，以及你為什麼想要用不同的態度來面對憤怒。

在你寫完信後，將信拿去影印，然後把複本裝入信封。將這封信放在某個安全的地方，六個月後再打開。到時你可能會很訝異自己的改變！

親愛的自己

愛你

進階練習

在進行自我調適時，紙筆是很棒的工具。寫作時，右腦會開始將你的感受與情緒化為文字，左腦則會開始審視所有的資訊，看能否幫助你整合線索並釐清思緒。左右腦搭配的智力組合十分強大，能夠相互合作解決你的問題。

請每天騰些時間記錄自己的思緒、感受和體驗。有些人喜歡用私人筆記本約略記下自己的想法，例如寫日記；有些人則喜歡採用電子方式，將自己的觀點記錄在裝置上。不論你決定將自己寫下來的東西保存在哪裡，要確保這個地方是安全的，沒有其他人可以拿到。你表達自我的這些文字不是用來給其他人看的，當然除非你想要這麼做，不過這應該由你來決定。

【第六部】

結論

第41課 檢視你的成果

你剛開始看這本練習手冊時，可能正苦惱著要如何處理自己的憤怒問題。而在做完這些練習後，你可能已經學會好幾種方法，能夠以更有效的方式控制自己的怒氣。

到了這個階段，你可能已經看到自己行爲方面的改變，而其他人也注意到了這點。你透過本書的練習所學到的種種，並不能讓你從此再也不會發怒，但希望你因此更有能力控制自己的感受與情緒。你已投注了這麼多心力來改進自己，也就必須花時間了解自己已經做過哪些事情，同時檢視自己已經達成哪些成果。

先試試看

請針對以下每一句敘述，圈出最符合你情況的答案。

1. 做完本書的練習後，我對憤怒的反應已經有了改善。

1 強烈不同意　2 不同意　3 還好　4 同意　5 強烈同意

2. 我認為我已經更明白什麼情況會令我發怒。

1 強烈不同意　2 不同意　3 還好　4 同意　5 強烈同意

3. 平均來說，我大發脾氣的頻率是……

1 每天　2 幾天一次　3 一週一次　4 兩週一次　5 一個月一次

4. 請看完每一句敘述，勾選「是」或「否」。

人們有注意到我面對挫折的方式已有所改變。	□是　□否

我已經知道在感到沮喪時有不同的調適方法。	□是 □否
我生氣時願意讓他人幫助我。	□是 □否
我知道對於會令我發怒的情況，我可以改變自己的應對方式。	□是 □否
我對於自己控制憤怒的能力更有信心了。	□是 □否
我經常覺得自己才是受害者。	□是 □否
我常覺得沒人了解我。	□是 □否

你幫自己圈選的分數越高以及勾選的「是」越多，表示你控制憤怒的能力提升得越多。不過真正的問題在於：你是否有察覺到自己的改變？

進階練習

回到前面第3課的練習，比較兩邊的答案。

1. 你在哪些方面的情況已有改善?

2. 你認為自己在哪些方面需要更努力?

第42課 憤怒結業證書

恭喜！你做到了。透過完成本書的練習，你已經達成了許多成果。希望現在你已經明瞭：

- 你的憤怒對你的影響
- 你的憤怒有哪些觸發因素
- 家人如何影響你對憤怒的反應
- 你的身體對於憤怒有什麼反應
- 憤怒這種情緒如果運用得當，可以帶來什麼幫助
- 在你情緒失控前可以如何消除你的憤怒
- 如何跳脫你對衝突的看法，了解不同的觀點
- 如何有效表達你的憤怒

• 如何發現生活中的問題並加以改變

為了慶祝你達成的一切成果，請將憤怒證書填寫完成。可以影印空白「憤怒結業證書」，或上 http://www.newharbinger.com/42457 下載，抑或在電子裝置上設計自己的證書。將證書貼在自己經常會看到的地方，用來提醒自己，改變是可能的！

憤怒結業證書

特此頒發證書證明

____

你的名字

已完成本書的所有練習

西元 __________ 年 ______ 月 ______ 日

為你的一切努力表示祝賀！

你每生氣一分鐘，就失去了六十秒的快樂。

——美國思想家　拉爾夫．沃爾多．愛默生

國家圖書館出版品預行編目（CIP）資料

為何你容易失控發脾氣？：消解憤怒的 42 堂課 / 瑞雪兒．卡薩達．羅曼（Raychelle Cassada Lohmann）著；方淑惠，余佳玲譯. -- 初版. -- 臺北市：橡實文化出版：大雁出版基地發行，2020.08
面； 公分
譯自：The anger workbook for teens : activities to help you deal with anger and frustration
ISBN 978-986-5401-30-6（平裝）

1. 青少年心理 2. 情緒管理

173.2 109008840

BC1080

為何你容易失控發脾氣？：消解憤怒的 42 堂課

【邁向成熟大人的情緒教養系列 3】

The Anger Workbook for Teens:
Activities to Help You Deal with Anger and Frustration

作　　者　瑞雪兒．卡薩達．羅曼（Raychelle Cassada Lohmann）
譯　　者　方淑惠、余佳玲
責任編輯　田哲榮
協力編輯　劉芸蓁
封面設計　斐類設計
內頁構成　歐陽碧智
校　　對　蔡函廷

發 行 人　蘇拾平
總 編 輯　于芝峰
副總編輯　田哲榮
業務發行　王綬晨、邱紹溢
行銷企劃　陳詩婷
出　　版　橡實文化 ACORN Publishing
地址：10544 臺北市松山區復興北路 333 號 11 樓之 4
電話：02-2718-2001 傳真：02-2719-1308
網址：www.acornbooks.com.tw
E-mail 信箱：acorn@andbooks.com.tw
發　　行　大雁出版基地
地址：10544 臺北市松山區復興北路 333 號 11 樓之 4
電話：02-2718-2001　傳真：02-2718-1258
讀者傳眞服務：02-2718-1258
讀者服務信箱：andbooks@andbooks.com.tw
劃撥帳號：19983379　戶名：大雁文化事業股份有限公司

印　　刷　中原造像股份有限公司
初版一刷　2020 年 8 月
初版三刷　2020 年 12 月
定　　價　350 元
I S B N　978-986-5401-30-6